東京湾・相模湾・駿河湾

釣り場ガイド50選

陸っぱり＆貸しボート編

須藤恭介・著

いつもの仲間やパートナーとの休日を、街中ばかりで過ごすのはもったいない。
気分を変えて、釣りや磯遊び＆バーベキューで自然に触れてみませんか。
きっと楽しい一日が過ごせますよ。
それから、お父さんが子供との絆を深めるには釣りが最適。
コーチになるのもいいし、ライバルでもいい。
1度でも子供のサオがヒットすればドキドキバクバク。一生の思い出になるでしょう。

釣りと一緒

そして、帰宅後はゲットした獲物で楽しい夕餉。お父さんの株が上がること間違いなしだ。
予定を立てたときから釣りは始まる。
釣り場を選びターゲットを決め、タックルをそろえて仕掛けを作る。
もしかしたら、釣りをしている最中よりも至福のときかもしれない。
さらに、ノンビリ気ままに釣りながら、釣果に満足したい人にはボート釣りがオススメ。
大海原へ漕ぎ出す気分は爽快だし、なにより、煩わしい場所取りや駐車場の心配がないのがうれしい。

※本書ではできるだけ安心、安全な釣り場を取り上げたつもりですが、取材以降にゲートができたり、立ち入り禁止になった場所には、立ち入らないようにお願いします。関係者から退去の勧告を受けた場合もすみやかに立ち去って下さい。悪質と判断された場合には、厳罰を受けるケースもあります。また安全のため、磯以外の釣り場でもライフジャケットは着用しましょう。もちろんゴミ放置や迷惑駐車は厳禁です。

陸っぱり&ボート釣り 基本のタックル&仕掛け

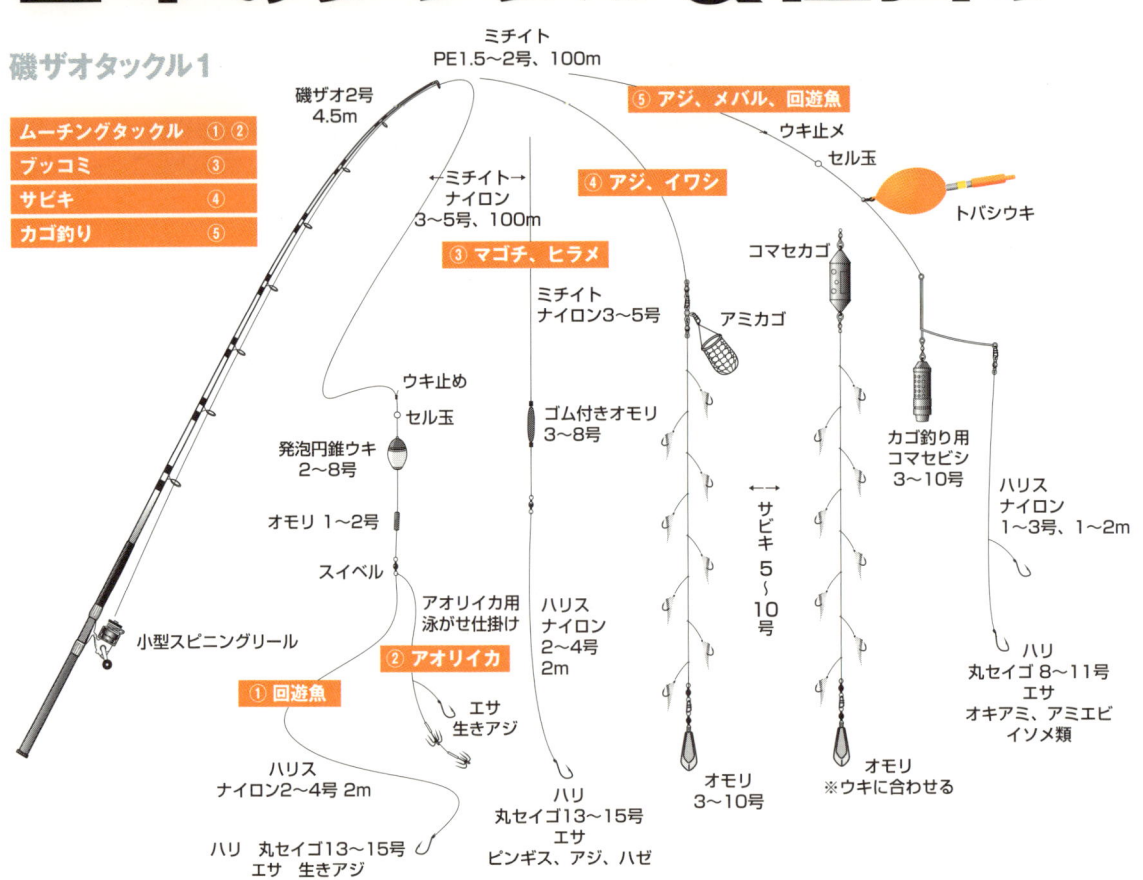

磯ザオタックル 1

ムーチングタックル	①②
ブッコミ	③
サビキ	④
カゴ釣り	⑤

ミチイト PE1.5～2号、100m

磯ザオ2号 4.5m

⑤ アジ、メバル、回遊魚

ウキ止メ
セル玉
トバシウキ

←ミチイト→ ナイロン 3～5号、100m

④ アジ、イワシ

コマセカゴ

③ マゴチ、ヒラメ

ミチイト ナイロン3～5号

アミカゴ

ウキ止め
セル玉
発泡円錐ウキ 2～8号

ゴム付きオモリ 3～8号

カゴ釣り用 コマセビシ 3～10号

オモリ 1～2号

ハリス ナイロン 1～3号、1～2m

スイベル

アオリイカ用 泳がせ仕掛け

ハリス ナイロン 2～4号 2m

←サビキ 5～10号→

小型スピニングリール

② アオリイカ

① 回遊魚

エサ 生きアジ

ハリ 丸セイゴ 8～11号 エサ オキアミ、アミエビ イソメ類

ハリス ナイロン2～4号 2m

ハリ 丸セイゴ13～15号 エサ ピンギス、アジ、ハゼ

オモリ 3～10号

オモリ ※ウキに合わせる

ハリ 丸セイゴ13～15号 エサ 生きアジ

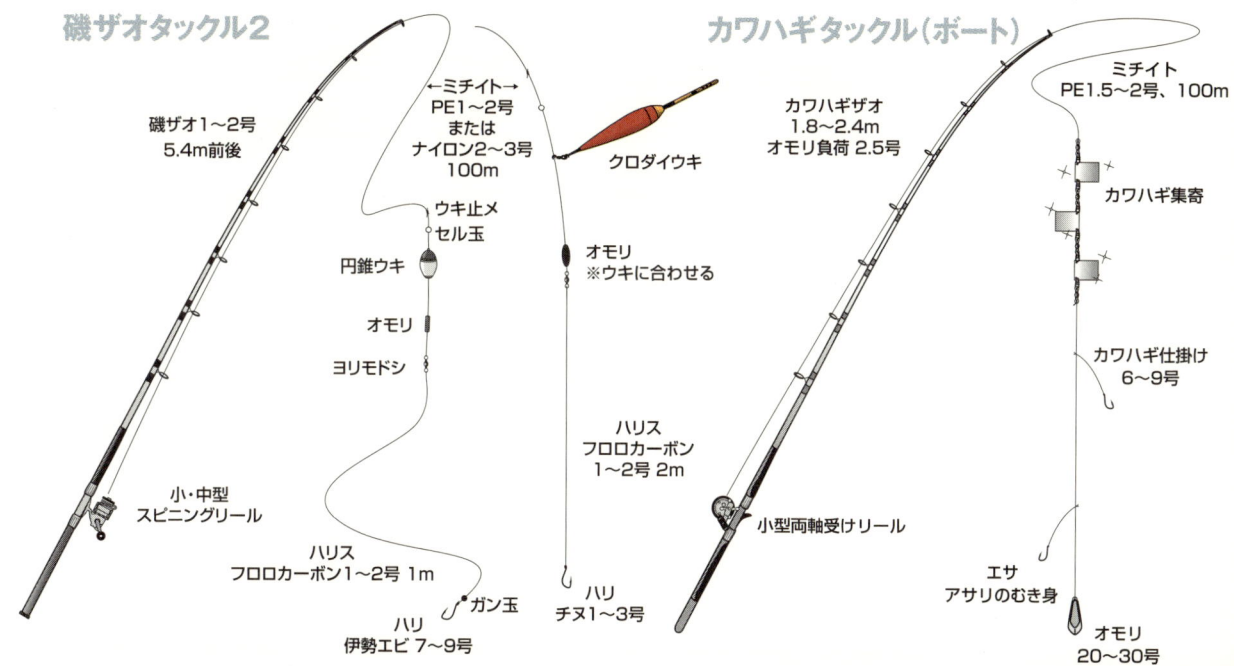

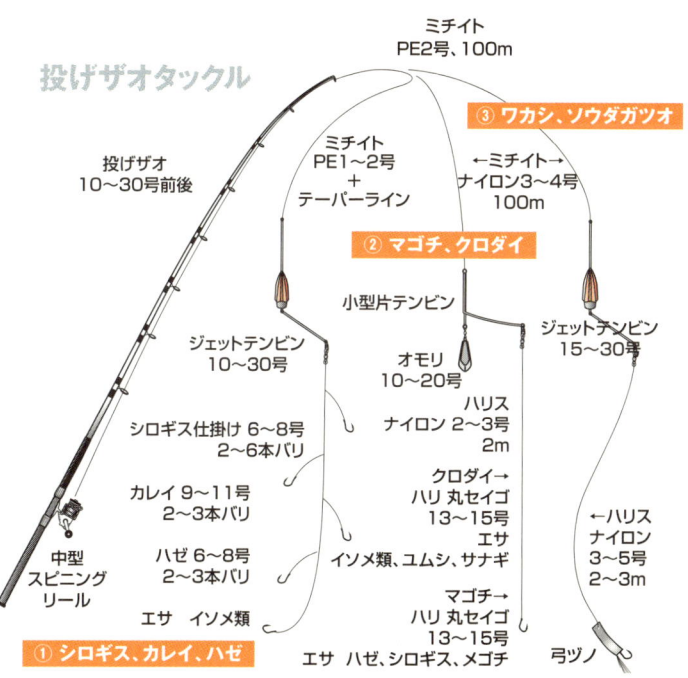

　磯や防波堤からウキ釣りをするときの「磯ザオタックル」と、サーフや防波堤からの投げ釣りの「投げザオタックル」のイラストは、思い切りベーシックなものです。ビギナーの方は、釣り場近くの釣具店でバージョンアップしましょう。
　磯ザオ2号はあると便利なアイテム。いろいろなバリエーションが楽しめます。ムーチングはボートでも陸っぱりでも使える泳がせタックルです。
　ボート用のシロギスタックルはボート釣りの基本。根魚狙いのルアーや浅場のサビキ釣りやカワハギ釣りにも流用が利く。
　シロギスザオが2本に30号負荷程度のマダイザオと15～20号負荷のサオの3種類があれば、大体のボート釣りがカバーできます。

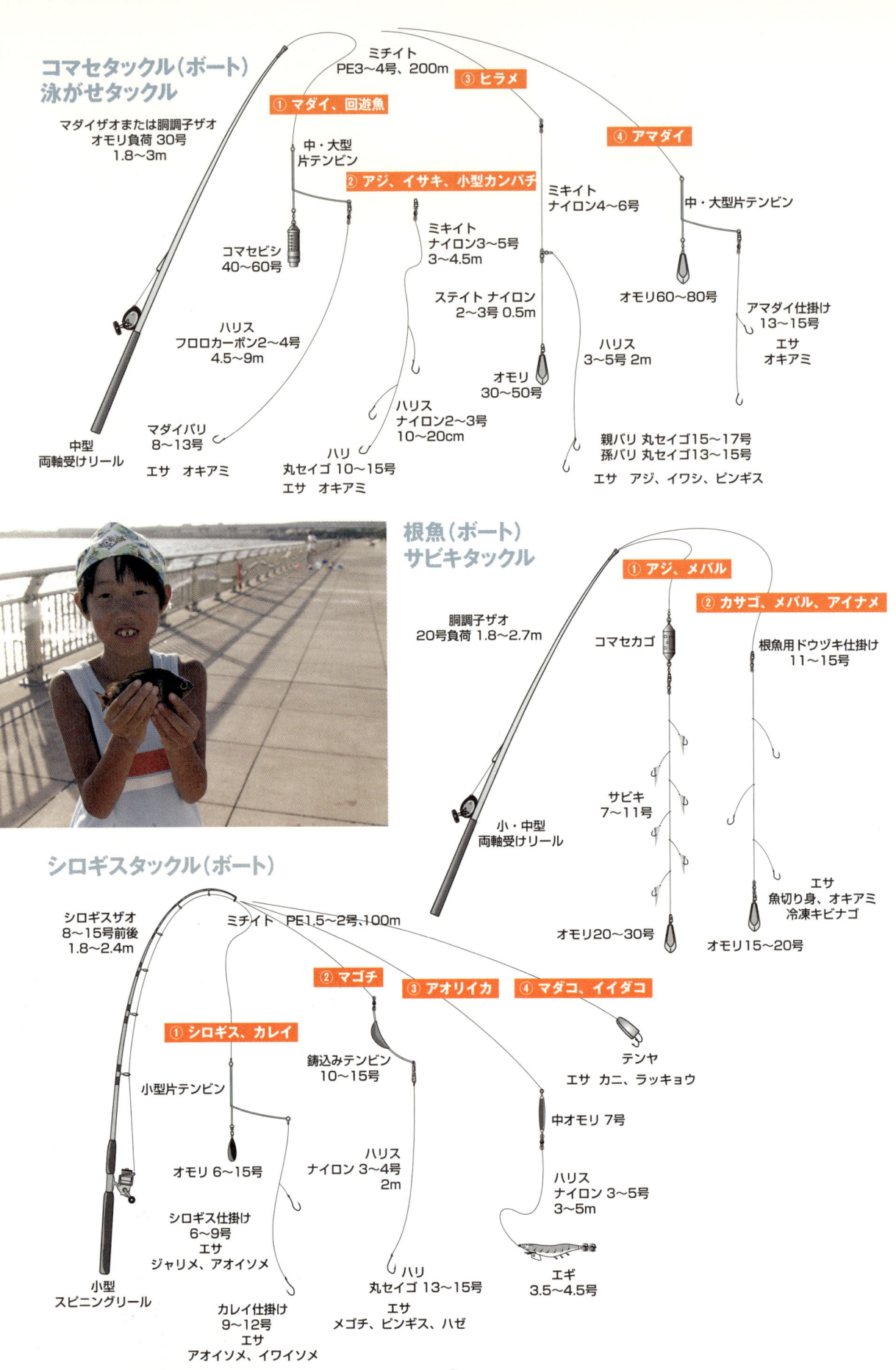

本書の見方&使い方

※各エリアのデータは主に2004年夏時点のものであり、その後変更されている可能性があります。お出掛けの際は事前にご確認ください

【アイコンの見方】

■浜
サーフの釣りができる海岸や、
人工浜など

■河口
川や河口付近。海釣りの本書においては、
例外的に1～2ヵ所掲載

■護岸
釣りができる護岸。
足場が良く、ファミリー度高し

■トイレ
釣り場付近に
トイレ施設があるか

■夜釣り
夜釣りが禁止されていないか、
物理的に可能か

■磯
岩のごつごつした磯。
足場の悪いところもあるので注意！

■堤防
港の堤防や岸壁、
釣り施設にある釣り専用堤防など

■駐車場
釣り場付近に適当な
駐車場があるか

■エサ屋
釣り場付近にエサや仕掛けを
購入できる店があるか

■貸しボート
そのエリアに
レンタルボート店があるか

■ファミリー度
家族で行く場合のオススメ度です。足場が悪く、不便で、釣りも上級者向けの釣り場から、安全で、便利で、ちびっ子にも手軽に魚が釣れる家族向けの釣り場までを5段階で評価。最高評価の5ランクなら、周辺に釣り以外にも家族で遊べる施設があったりして、一日存分に楽しめます

■大漁度
各エリアの釣れ具合の目安です。最高の5ランクならボーズの心配はなし。ただし、数字が大きいほど人気も高く、狭い釣り場で評価5だと、場所取りが大変かも。逆に、ランクの低い場所は腕の見せ所。でも、本書はもともと釣れる場所をチョイスしているので楽勝でしょう！

■耐風波度
釣り場の風や波に対する強さです。5ランクなら、多少風が吹いても大丈夫。ちびっ子連れのファミリーも安心して釣りが楽しめます。クロダイ狙いなら、荒れ気味の日に釣行したいくらいの場所。そして、数字が低いエリアはナギの日に釣行しよう。無理して行っても楽しくないですよ

【DATAについて】

○アクセス ………車を利用した場合と、公共機関を使った場合の、釣り場までの行き方(例)を紹介
○駐車場&トイレ …釣り場付近の駐車場およびトイレ情報
○飲食店・氷 ……釣り場近くのレストランやコンビニ、スーパー等、食事が確保できる場所の情報。
　　　　　　　　　でも、近くにな～んにもない釣り場もあります。注意！ また、氷が手に入る場所も紹介
○周辺情報 ………釣り場近くの観光情報、遊び場情報などを簡単に紹介

【コメントについて】

編集者からのひとことコメントです。主にファミリーや釣りビギナー、カップル等の目線で釣り場のようすを見てみました。参考にしてみてください。

【釣り場画像の見方について】

およそのの水深
等深線
ボート乗り場マーク
（貸しボートの
出船場所を示す）
駐車場やトイレを示す
本文中の番号に
対応して釣り場を示す

＊このエリアの表示範囲は約2km四方になっています

2001 / 4 / 15

特にこのような指定のないほとんど
の釣り場では、エリアの表示範囲を
約1.4km四方で作成しています

衛星画像の撮影日

＊本誌に掲載した等深線データはあ
くまで目安です。実際の航海には必
ず海図をご使用ください

【本書掲載の衛星写真画像について】

　本書で使用している衛星写真は、日本スペースイメージング（株）の「IKONOS画像」のうち、最も精密な位置精度を持つ「デジタルオルソ・エキスパート画像」です。この画像は、地球の丸みによって生じる画像のゆがみを幾何補正した上で、さらに地上測量による地上基準点（GCP）と、精密な標高データによる正射投影補正を行ってあり、縮尺1／2,500地図と重なる位置精度を有します。

●IKONOS衛星画像データについて

　IKONOS衛星画像データは、自動車や家屋まで識別できる、1m解像度のデジタル画像です。11ビット（2,048階調）という鮮明な画質で撮影され、撮影幅は11km。航空写真の500m〜2km程度に比べ、広域の撮影に優れています。またもっとも大きな特長は、高高度からの撮影と、地上処理によりオルソ化（正射投影補正）をすることによって、地図に重なる精密な位置情報をもつこと。その位置精度は、デジタルオルソ・エキスパート画像の場合、誤差 ±1.75m（1σ）、縮尺1／2,500地図相当。そのほか近赤外センサーも搭載し、人間の目に見えない植生や水質汚染の解析にも役立ちます。

●日本スペースイメージング（株）の
　事業内容について

　1999年9月25日、米国の軍事技術をベースに開発された世界最高性能の地球観測衛星IKONOS（イコノス）が打ち上げられました。1994年に米国ロッキード社と共にこのプロジェクトに参画した三菱商事は、IKONOSに関する日本地域の撮影権と販売権を取得。日本スペースイメージング（JSI）社はこの三菱商事の出資で設立した企業であり、日本で唯一の、IKONOS衛星を運用する企業です。高解像度衛星IKONOSのサービスは1994年3月10日に発表された米大統領令（PDD-23）により承認されたものであり、米国政府から認可を受けたライセンス事業です。IKONOSによって撮影された高精細デジタル画像データは、リアルタイムで受信され、全国の画像ライブラリーデータ（2004年10月末現在、日本国土の93％を整備済み）として蓄積されています。

SPACE IMAGING
IKONOS

問い合わせ先
日本スペースイメージング（株）営業部
TEL:03-5204-2727　FAX:03-5204-2730
http://www.spaceimaging.co.jp/flash.html

【本書掲載の等深線データについて】

　本書で使用している等深線データは、日本水路協会海洋情報研究センター発行の「広域沿岸海域等深線データ〈M7000シリーズ〉」を、日本総合システム（株）の海図利用支援システム「ChartRescue」で表示し、その一部を衛星写真画像の海岸線と重ね合わせたものです。

●広域沿岸海域等深線データ〈M7000シリーズ〉について

　〈M7000シリーズ〉は、日本水路協会発行の「航海用電子海図」、「電子参考図」、海上保安庁刊行の「沿岸の海の基本図」等を基に、日本水路協会海洋情報研究センターが編集した、広域の日本沿岸海域等深線データです。データはCD-ROM、Windows版（98、2000、XP対応）で、アスキーファイル（海岸線データ）、および表示ソフト付き。またほかに紀伊水道や豊後水道等、スポットの等深線データを編集した「沿岸海域等深線データ〈M5000シリーズ〉」があります。

[提供価格]
〈M7000シリーズ〉50,400円
〈M5000シリーズ〉12,600円

問い合わせ先
（財）日本水路協会海洋情報研究センター　海洋情報提供部
TEL：03-3535-0770　FAX：03-3543-2349
E-mail：info@jha.jp

●海図利用支援システム「ChartRescue」について

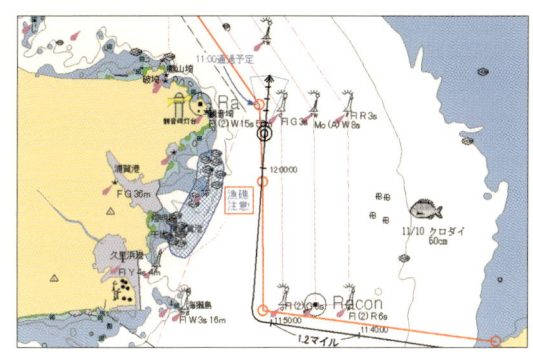

　「ChartRescue」は、国際水路機関（IHO）が定めるS57データを基に、電子海図（国際規格S52準拠）、紙海図（海上保安庁が定める図式6011および世界基準のINT1準拠）、それぞれの形式で表示し、編集できる海図利用支援システムです。地名検索、経緯度指定、方位距離等、多彩なアプローチで簡単かつスピーディーに位置特定を行うことができ、また、海図上にユーザー情報を書き込むことができます。

[価格]
399,000円
[動作環境]
OS　Windows NT4.0、Windows 2000、Windows XP、
　　Windows 98、Windows ME
CPU　Intel Pentium以上
推奨メモリー　96MB以上
対応GPS　NMEA-0183フォーマット、SONY IPS-5000シリーズ

●電子海図表示システム「ChartViewer」

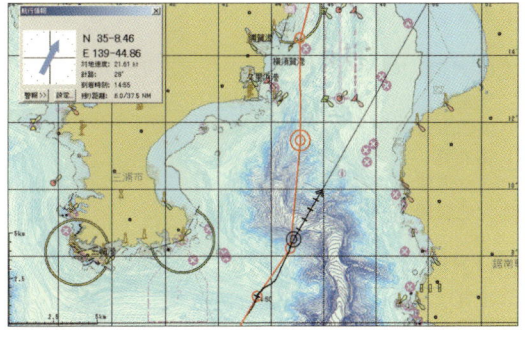

　電子海図表示ツール「ChartViewer」は、「ChartRescue」の姉妹品となります。「ChartRescue」等で培われた技術力とノウハウを生かして安価な電子海図ビューワーを実現しました。「ChartRescue」同様に、直感的な操作で電子海図表示、位置検索が可能です。また「ChartRescue」で作成した図形を取り込み表示することができるので、複数のユーザーで情報を共有することができます。海底地形図の表示も可能です。

[価格]
50,400円
[動作環境]
OS　Windows NT4.0、Windows 2000、Windows XP、
　　Windows 98、Windows ME
CPU　Intel Pentium以上　推奨メモリー　96MB以上
対応GPS　NMEA-0183フォーマット、SONY IPS-5000シリーズ

問い合わせ先
日本総合システム（株）
FAX：03-3205-7968
E-mail：ChartViewer@nssys.co.jp
http://www.nssys.co.jp

釣り場 INDEX

エリア1 湘南
1. 湯河原埋め立て地 ………… P.12
2. 真鶴周辺 ………… P.14
3. 江之浦港 ………… P.16
4. 米神堤防 ………… P.18
5. 酒匂川河口 ………… P.20
6. 二宮海岸 ………… P.22
7. 大磯港 ………… P.24
8. 江の島 護岸 ………… P.26
9. 江の島 磯 ………… P.28
10. 材木座海岸 ………… P.30
11. 葉山 森戸周辺 ………… P.32
12. 葉山 一色周辺 ………… P.34

エリア2 三浦半島
13. 小田和湾 ………… P.36
14. 荒崎周辺 ………… P.38
15. 油壺&諸磯 ………… P.40
16. 城ヶ島西 ………… P.42
17. 城ヶ島東 ………… P.44
18. 宮川〜盗人狩 ………… P.46
19. 高磯、剣崎、大浦 ………… P.48
20. 金田海岸 ………… P.50
21. 野比 ………… P.52
22. 久里浜港 ………… P.54
23. 鴨居港 ………… P.56
24. 観音崎周辺 ………… P.58
25. 走水&伊勢町海岸 ………… P.60

エリア3 東京湾奥
26. 新安浦港〜大津港 ………… P.62
27. 福浦埋め立て地 ………… P.64
28. 八景島周辺 ………… P.66
29. 磯子海づり施設 ………… P.68
30. 本牧海づり施設 ………… P.70
31. 大黒海づり公園 ………… P.72
32. 東扇島西公園 ………… P.74
33. 浮島つり園 ………… P.76
34. 大井ふ頭中央海浜公園 ………… P.78
35. 若洲海浜公園 海釣り施設 ………… P.80
36. 江戸川放水路 ………… P.82
37. 検見川浜 ………… P.84
38. 市原市海づり施設 ………… P.86

エリア4 内房
39. 洲崎周辺 ………… P.88
40. 浜田海岸 ………… P.90
41. 富浦港 ………… P.92
42. 岩井海岸 ………… P.94
43. 元名周辺 ………… P.96

エリア5 伊豆半島
44. 木負 ………… P.98
45. 戸田湾 ………… P.100
46. 安良里港 ………… P.102
47. 田子 ………… P.104
48. 川奈湾 ………… P.106
49. 伊東周辺 ………… P.108
50. 網代 多賀周辺 ………… P.110

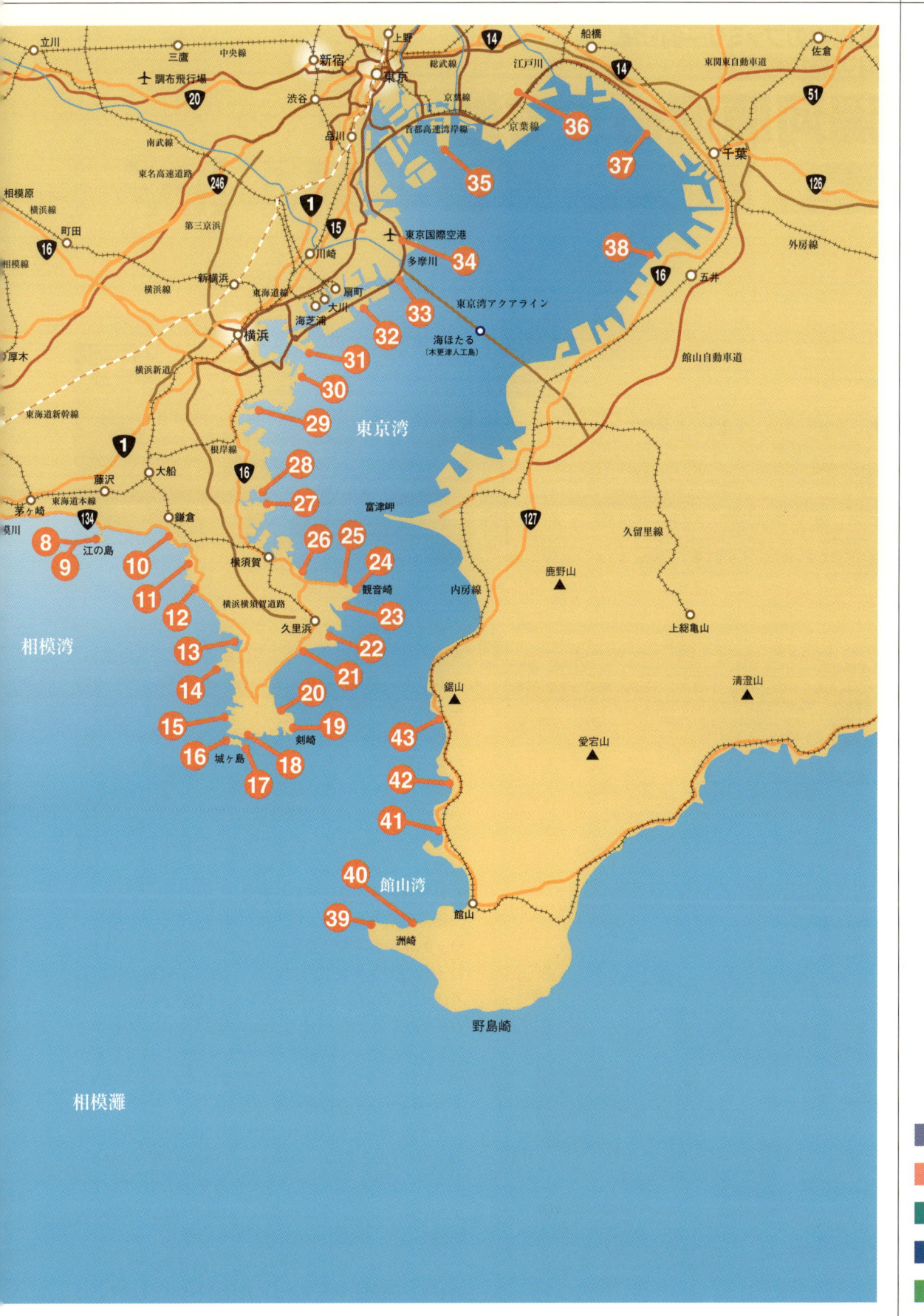

エリア1 湘南

進化中のファミリー釣り場。
周辺施設も充実
湯河原埋め立て地　ゆがわらうめたてち

- ファミリー度 …… 5
- 大漁度 ………… 3
- 耐風波度 ……… 4

湯河原埋め立て地。広くて安全な護岸。柵はサオ立てになり、ヤエン釣りにちょうどイイ

千歳川の河口

DATA

アクセス
◇車／東名高速厚木IC〜小田原厚木道路石橋IC〜真鶴道路経由20分、熱海ビーチライン入口手前左手
◇電車・バス／JR東海道線湯河原駅からバス「門川」下車、または駅から徒歩15分

駐車場&トイレ
どちらも湯河原海浜公園にあり。'05年4月まで改修工事のため閉鎖中

飲食店・氷
近所にある「エスポットモール」で、飲み物はもちろん、生鮮食品から日用品、レジャー用品、氷までなんでも揃う。マクドナルド(ドライブスルーあり)やファミレス、銀行なども併設。無料P400台。なお板氷は釣り餌センター タカラでも手に入る(300円/1ブロック)

周辺情報
釣り場から徒歩で行ける「オーシャンスパおおきじま」(10:00〜21:00、第1・3金曜定休、変更有、8月中無休)。JR湯河原駅より送迎バスあり、P300台(屋外無料)、入浴料大人1,050円、子供(4〜12歳)525円。また改修工事中の「湯河原海浜公園」には、屋外プールやテニスコートあり

眼下に大海原を望む開放感たっぷりの立ち寄り温泉施設「オーシャンスパおおきじま」

　湯河原の吉浜にある埋め立て地で、以前は護岸と消波ブロックだけで当然のように水際は立ち入り禁止。それでも、釣り人の絶えない好ポイントだった。そこに、親水護岸❶が新設されて、誰でも安心して釣りができるようになった。うれしいかぎりである。しかも、南側の浄水センターを公園に改修中で、完成すれば駐車場ができていっそう便利になる。

　さらに、国道の反対側には釣具店、近くにはスパやファミレス、ショッピングモールなどがありファミリー度は最高。釣りに温泉、買い物、食事と家族そろって楽しい休日を過ごせるゲレンデだ。

　衛星写真を見ると、中央部にぽつんと小さな消波ブロック群があるだけだが、今はその沖に離岸堤のように消波ブロックが並んでいる。よって、遠投の投げ釣りはムリ。投げ釣りをするならチョイ投げか沖の消波ブロックの手前まで。もともとは砂地でシロギスの好ポイントだったが、今は根掛かりが多くなったのでサビかずに待ち釣りで。また、至近距離のチョイ投げならカサゴやベラなどの根魚も釣れる。

　ウキ釣りは中央の排水口❷の流れに乗せて手前の消波ブロック際を探る。タナは2〜2.5mで良型のクロダイとメジナも望める。また、サビキ釣りも時期によりアジや小メジナなど。それから、冬には型の良いサヨリの回遊もあり、サヨリ用の飛ばしウキで釣る。

　イチオシはアオリイカのヤエン。釣り場が空いていれば広い範囲を探れるように護岸の角から泳がす。初

2001/4/15

夏の盛期には2キロクラスがバクバクあたる。しかし、アタリとゲット数に差があるのがヤエン釣りの熱いところだ。

それから、埋め立て地の両側には川が流れており、南側の千歳川は温泉排水が流れ込むのかスズキやメッキの活性が高くて、ルアーファンは見逃せない。河口の砂浜❸から消波ブロックの際をキャストしてみよう。

釣り餌センター タカラ　TEL:0465-63-2445

営業時間／金土・祝前日24時間、平日4:00～24:00（水曜定休）
※釣り場から徒歩5分、生きアジあり（サイズ9～12cm、1尾140円）

釣り場近くにある大型ショッピングセンター、エスポットモール。何かと心強い

コメント さすが湯河原だけあって、周辺には立ち寄り可能な温泉も多数。公園近くの親水護岸の釣り場は設備も整っていて、使い勝手も良く、子供や彼女を連れてののんびり釣りにもお勧め。

湘南｜湯河原埋め立て地

エリア1 湘南

超有名磯釣り場の連続。
ボート釣りは東京近郊屈指の爆釣ポイント

真鶴周辺
まなつるしゅうへん

場所限定

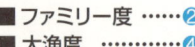
■ファミリー度 …… ❷
■大漁度 …… ❹
■耐風波度 …… ❸

番場浦。周辺の磯は危険なところもあり、上級者向き。くれぐれも安全装備を万全に

駅からの途中にコンビニと釣具店のあるお手軽ポイント、磯崎の磯。夜釣りもおススメ

DATA

アクセス
◇車／東名高速厚木IC～小田原厚木道路小田原西IC～R135真鶴道路(旧道)真鶴駅前交差点を左折5分
◇電車・バス／JR東海道線真鶴駅から真鶴岬方面バス「真鶴漁港」下車、または駅から徒歩15分。エトーボートは真鶴駅まで送迎可(要相談)

駐車場&トイレ
ボートを借りる場合は専用Pあり(1,000円/1台)、ただしトイレはないので注意。釣り場から徒歩20～30分に、県営の無料駐車場(24h、約30台)とトイレあり。真鶴港内の魚市場にトイレあり

県営の無料駐車場とトイレ

飲食店・氷
魚市場の2階は町営の食堂「真鶴魚座」になっている(TEL：0465-68-6511、11：00～17：00、水曜定休、無料P100台)ほか、周辺に食堂もあり。コンビニまでは徒歩6～7分。氷はあおき釣具店で手に入る

周辺情報
「真鶴魚座」には巨大水槽があり、真鶴の魚が見られる他、みやげ物も販売。また真鶴半島遊覧船による湾内遊覧もお勧め。三ツ石沖を航く約30分のコースで大人1,200円、子供600円

　真鶴は港での釣りが禁止されているため、磯かゴロタ浜からの釣りかボート釣りがメインになる。磯釣りでは三ツ石、カワウソ、対石などの人気磯が目白押し。そのなかで、アクセスがラクなのは真鶴港の北にある磯崎❶、岬突端手前の番場浦❷とその手前の道無しの磯❸か。
　磯崎❶は比較的近いので電車釣行もOK。クロダイ、メジナのほか半夜釣りのメバルもオススメ。エサはアオイソメの1匹付け。
　番場浦❷は番場浦駐車場から歩いて数分。一番高い磯際の水深は5～6mありシケ後かサラシのあるときが好機。イシダイを狙う人も。
　道無しの磯❸はゴロタ浜に有料駐車場があり、ウキ釣りのほか磯からの投げ釣りも有望。シロギス以外に、マダイやカワハギもヒットするので太仕掛けでアタック。
　貸しボート店のエトーボートは、道無し磯よりも北側の尻掛浜にある。釣魚はシロギス、アジ、イサキ、マダイ、カワハギ、アマダイ、アオリイカ、メバル、イシダイ、カサゴにイナダなどの回遊魚まで、沖釣りで釣れるほとんどの魚が対象だ。
　手漕ぎボートのほかに船外機ボートと免許不要の2馬力エンジンボートのレンタルもある。船外機ボートでは初島方面まで遠征すれば大イサキ、マダイ、ワラサなども。
　また、手漕ぎボートのエリアも広くて、道無しの磯の先の水族館跡から、湯河原埋め立て地のある吉浜方面まで。移動は大変だけれど、エトーボートではヒマなら曳船もしてくれる。ちなみに、沖に設置してある定置網への係留は禁止。
　シロギスのポイントは吉浜方面❹。マダイ、回遊魚は真沖にある定置網周り❺。カワハギはボート乗り場の尻掛浜を出てすぐ左手にある小型定置網周り❻。そして、カサゴ、メバル、アオリイカは道無しの磯から水族館跡までのカケアガリ❼。アオリイカはウキ仕掛けの泳がせ釣りもおもしろいけれどエギングのほうが手っ取り早い。

*このエリアの表示範囲は約2km四方になっています　　　　　　　　　　　　　　　　2001／4／15

エトーボート　　　TEL：0465-63-5356

営業時間／日の出～14：00（定休日特になし）
※尻掛海岸にある貸しボート。船外機付きボートあり。
ボートレンタル料　船外機船8人乗り22,000円/1日、4人乗り12,000円/1日、2人乗り10,000円/1日、手漕ぎ1人乗り3,000円/1日、2人乗り4,000円/1日、男女ペアサービス2人乗り3,000円/1日

エトーボートは、浜に店舗はない。駐車場（有料）に土日祝のみ釣具、エサの売店が出る。トイレもないので注意しよう

あおき釣具店　　　TEL：0465-68-3001

営業時間／金土・祝前日24時間、平日4：00～21：00（火曜定休）
※釣り場（港）から徒歩10分。生きアジあり（1尾150円）

コメント　風光明媚で水もきれい、魚影も濃くて、景色やロケーションを楽しみながらの釣りが可能。特にボートでは、本格的な釣りはもちろんだが、子供と、彼女と、釣りを口実にしたのんびり休日も堪能できる。

湘南　真鶴周辺

エリア1 湘南

魚種豊富な本格的堤防釣り場。釣具店近くでラクラク
江之浦港
えのうらこう

- ファミリー度 …… 5
- 大漁度 …………… 4
- 耐風波度 ………… 3

江之浦堤防。見るからに釣れそうなロケーション。外洋に面して潮通しもバツグン

シーズン中の週末は混雑するものの、平日ならわりとのんびり。家族やカップルでゆっくり釣りを楽しめる

DATA

アクセス
◇車／東名高速厚木IC〜小田原厚木道路石橋IC〜真鶴道路「江之浦海水浴場」の看板を見て左折
◇電車・バス／JR東海道線小田原駅から新道経由真鶴行きバス「江之浦港」下車徒歩2分

駐車場&トイレ
釣り場から0分に40台ほどの有料P（1,000円／1日）。トイレも港内にあり

釣り場が目の前の駐車場。トイレも近くて便利だ

飲食店・氷
港の前には食堂や自動販売機、真鶴道路にはドライブイン、コンビニ等あり。氷は小田原マリンで手に入る

周辺情報
海水浴場隣接。港にダイビングサービスもあり。ちょっと離れるが、真鶴一般道路に沿った根府川の一角には「白糸ます釣りセンター」があり、自由釣り（遊魚料1人2,000円）と池釣り（釣ったマス持ち帰り1kg1,600円）ができるほか、バーベキューなどが楽しめる

　港の真上の国道沿いに大きめの釣具店があり、駐車場もトイレも港内にあるファミリー度数の高い釣り場だ。一年中ターゲットに困らない好フィールドで、堤防上で釣っている分には足場は万全。ただ、海面から5mくら いの高さがあるので短ザオでは多少釣りにくいかも。それから、西風がネックになる冬場は、強風時の逃げ場的な存在になる。
　手軽で人気が高いだけに休日などは釣り人であふれる。特に、秋の回遊魚シーズンは堤防先端のカゴ釣りポイントでは隣の人の肘が触れるくらいの混雑。それから、この周辺はダイバーも多いためトラブルには十分注意しよう。
　メインターゲットはクロダイ、メジナ、アオリイカ、青物、カサゴなど。もちろん、夜釣りもOKだが照明がないので用意していくこと。ライフジャケットは必携。
　クロダイは、春のノッコミ時には2キロオーバーが釣れる高実績の場所。人気ポイントは先端の左角❶でタナは5m。カゴ釣りも同様のタナで左からの潮が利いているときがベストだ。
　メジナのポイントは❶と反対側の消波ブロック先端周辺❷でタナは3m。冬場の海苔メジナポイントとしても有名だ。なお、消波ブロック上で釣るときはライフジャケットとフェルトシューズなどの装備は完璧に。
　ほかにも、堤防上ではサビキ仕掛けの五目釣りも楽しめる。釣れる魚は時期によりさまざまで、アジやメジナなどのほかに熱帯魚系の魚も釣れて、ビギナーやちびっ子も大満足だ。
　ちなみに、アオリイカはエギング、泳がせ、ヤエンと好みの狙い方で。
　それから、江之浦港の南に続く石浜もメジナ、クロダ

2001 / 4 / 15

イの好ポイントだ。ただ、衛星写真でもわかるように港近くは浅い岩礁帯が続き、海岸線がカーブする八貫山下❸あたりから深くなっていてそこが釣り場。それでも、タナは0.7〜1.2mと浅めだ。自信のある方はタマヅメを狙ってみよう。払い出す波にうまく乗れば思わぬ大物が顔を出すかも。

小田原マリンターミナル
TEL：0465-29-0239

営業時間／24時間（年中無休）
※釣り場から徒歩3分。生きアジあり（5尾735円、10尾1,375円）

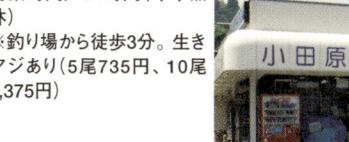

熱帯魚のようにきれいな魚もたくさん泳いでいる。これは西日本ではわりと馴染みのあるカゴカキダイ。好奇心旺盛で人なつこい

> **コメント** 釣り場はこぢんまりとしているが、ダイビングも楽しめるほどのきれいで豊かな海。さらに釣具屋、食堂、駐車場やトイレも手近で、使い勝手が良い。周囲に程良い遊び場もあり、家族で楽しめるエリア

湘南｜江之浦港

エリア1 湘南

堤防も磯もカゴ釣り天国。
マイカー族にうれしいゲレンデ
米神堤防　こめかみていぼう

■ ファミリー度 …… 4
■ 大漁度 …… 4
■ 耐風波度 …… 1

米神堤防。ナギの日はのどかで釣りやすいけれども、波のある日は要注意

米神小根。このさきに一級磯の米神大根がある

DATA

アクセス
◇車／東名高速厚木IC～小田原厚木道路石橋IC～真鶴道路「米神海岸」の看板を見て右折
◇電車・バス／JR東海道線小田原駅から新道経由真鶴行きバス「米神」下車、徒歩2分

駐車場＆トイレ
釣り場から0分に30台ほどの有料P（800円/1日、夏場1,000円/1日）。スロープの途中に有料トイレ、シャワーあり

釣り場が目の前に広がる駐車場。トイレも近くて便利な釣り場

飲食店・氷
スロープの目の前に食堂あり。松本商店でも、おにぎり等簡単なもの、および氷などが手に入る。飲み物は自動販売機で

周辺情報
夏場は海水浴のほか、堤防に向かって右手の岩場では、磯遊びやバーベキューなどが楽しめる

　近くにある江之浦漁港の堤防と同じような環境で、釣れるものもほとんど同じ。ただ、こちらの堤防は低くて釣りやすい反面、風波に弱く、ウネリのある日やシケ気味の日は危険。波のある日は釣行を控えたほうが無難だ。でも、ナギの日の堤防上は足場が良くて駐車場、トイレ、釣具店が近いオススメのお手軽釣り場です。ただし、それでもライフジャケットはお忘れなく。

　もちろん、魚影は申し分ない。クロダイ、メジナ、アオリイカをはじめ、回遊魚、マダイ、シロギス、アナゴなどなど。それに、サビキ釣りをすれば、メッキやアジ、小カマスなどにぎやかな釣果になる。

　やはり、ここも人気釣り場であり、釣り場が狭い分、休日はよけいに込み合う。盛期の休日なんて前夜からの場所取りはあたりまえ。釣果よりも気分を優先するなら混雑時は避けたほうがいいかも。

　さて、人気No1ポイントは堤防先端の❶。釣り方はカゴ釣りオンリーで、エサや仕掛けを替えて時季の魚を狙う。タナは5～7m。

　その隣の❷ポイントも沖に面しているため有望。それに、沖の海底には砂地もあるので投げ釣りも可能。当然、近くにカゴ釣りをしている人がいないときに限る。しかし、ここで投げ釣りをする人は少ないので良型のシロギスが望めてマダイなどの外道も豊富だ。ちなみに、アオリイカはエギングがオススメ。それから、回遊魚狙いのルアー釣りは禁止されている。

　また、堤防の北側にある磯は手前が米神小根❸で、

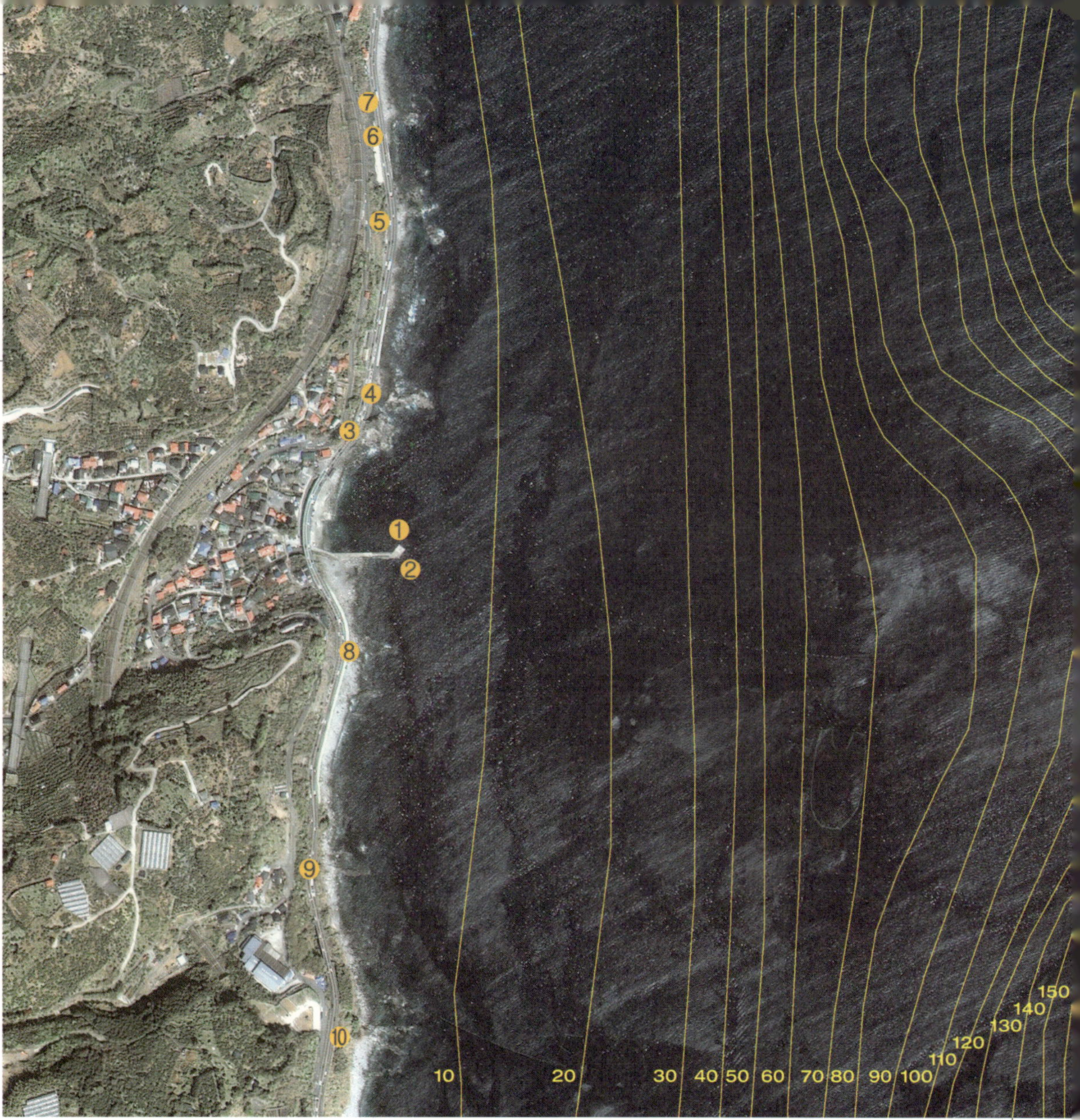

2001 / 4 / 15

その隣が一級磯の米神大根❹。ここでも釣り方はカゴ釣りが主流でクロダイ、回遊魚、アジ、マダイなどが狙い目。周辺はゴロタ浜で、大根の先はカブト❺、ロップ❻、カワネ❼と続き、堤防反対側は米神南❽、マナイタ❾、沢尻根❿と有望な小磯が点在している。

松本商店　　TEL：0465-23-4678
営業時間／5：30〜17：00（年中無休）　※釣り場目の前（徒歩1分）

ガンガンのカゴ釣り天国。もちろんサビキ釣りもOK

コメント　こぢんまりして使い勝手の良い釣り場。混雑時期を除けば、家族での釣りにもお勧め。もちろん日帰りも可能だが、箱根の温泉街にでも立ち寄れば、一泊の釣り旅行にも手ごろなエリア

湘南｜米神堤防

エリア❶ 湘南

ソルトルアーのイチオシフィールド。もちろん投げ釣りも
酒匂川河口 さかわがわかこう

■ ファミリー度……❸
■ 大漁度…………❸
■ 耐風波度………❷

酒匂川河口西浜。河口東浜は駐車場があるのでシーズンは込み合う。その点、西浜ならライバルが少なくてゆっくり釣れる

DATA

アクセス
◇車／西湘バイパス酒匂IC下りてすぐ
◇電車・バス／JR東海道線小田原駅または国府津駅から箱根登山鉄道バス(小田原～国府津)「酒匂中学」下車、徒歩3分

駐車場&トイレ
浜に40台ほど駐車可能な駐車スペースあり(無料)。トイレはないので、国道沿いのコンビニやマクドナルドなどを利用。またエサ等を購入すれば、釣具店でも借りられる

飲食店・氷
釣り場から徒歩5分ほどの国道に出れば、釣具店をはじめ、コンビニ、ファミレス、マクドナルド等あり。また車で少し走れば大型ショッピングモールやイトーヨーカドーもある。氷は近所の酒屋やコンビニで手に入る

周辺情報
海水浴やビーチでの遊びのほか、ちょっと足を延ばせば温泉や小田原城をはじめとした観光名所も多数あり。また国道に出る手前左手に、マッサージや食事処も備えたスーパー銭湯「湯快爽快さかわ」がある(入湯料大人530円、子供250円)

　砂浜が続く西湘地区には、投げ釣り以外にも有望なルアーポイントがいくつかあるが、酒匂川河口もそのひとつ。酒匂川といえば神奈川県を代表する河川で、その河口にはシラスやイワシ、稚アユ、ピンギスなどの小魚が無数に集まり、それを目当てにフィッシュイーターが回遊するのだ。
　初夏からマゴチがソフトルアーかメタルジグで釣れ始め、ハイシーズンの夏にはワカシ、ソウダガツオ、シイラがターゲットになる。ワカシの釣り方はメタルジグかサーフトローリング。群れが遠いときはサーフトローリングで飛距離をかせぎ、ルアーの場合は河口近くを探る。河口付近にはヒラメが潜んでいることが多いからね。まれに、カマスやメジマグロがヒットすることもある。
　この周辺は海が荒れると釣りにくく釣果も極端に落ちるので、釣行はベタナギの日に。それに、アタリは早朝に集中するので夜明け前から準備をしよう。ナギの日ならナブラが立つときもある。ポイントが遠いとサーフトローリングしかないが、近ければナブラの先にキャストしたメタルジグを海底から一気にファストリトリーブ。また、ナブラがなくても海中では魚が待ち構えているハズ。何がヒットするか分からないときは底レンジのスローリトリーブがセオリーだ。
　真冬になればナイトゲームでスズキを狙う。メーターオーバーが相手のビッグファイトだ。ルアーはミノーかジグ。当然、寒い時期のことだからウェーダーなどの装備は完璧に。
　ちなみに、投げ釣りはなるべく河口から離れた場所で釣るほうがいい。とくに雨後は潮が濁るし、流木などの根掛かりも多く、投げ釣りは釣りにならない。シロギスのシーズンは春先から晩秋で、ピークは4～5月と9～10月である。
　なお、河口の東側には広い駐車スペースがありアクセスは最高。釣り以外にもBBQやビーチバレーなど夏以外でもいろいろな遊びができるエリアだ。ただ、近くにトイレがないのが難点か。

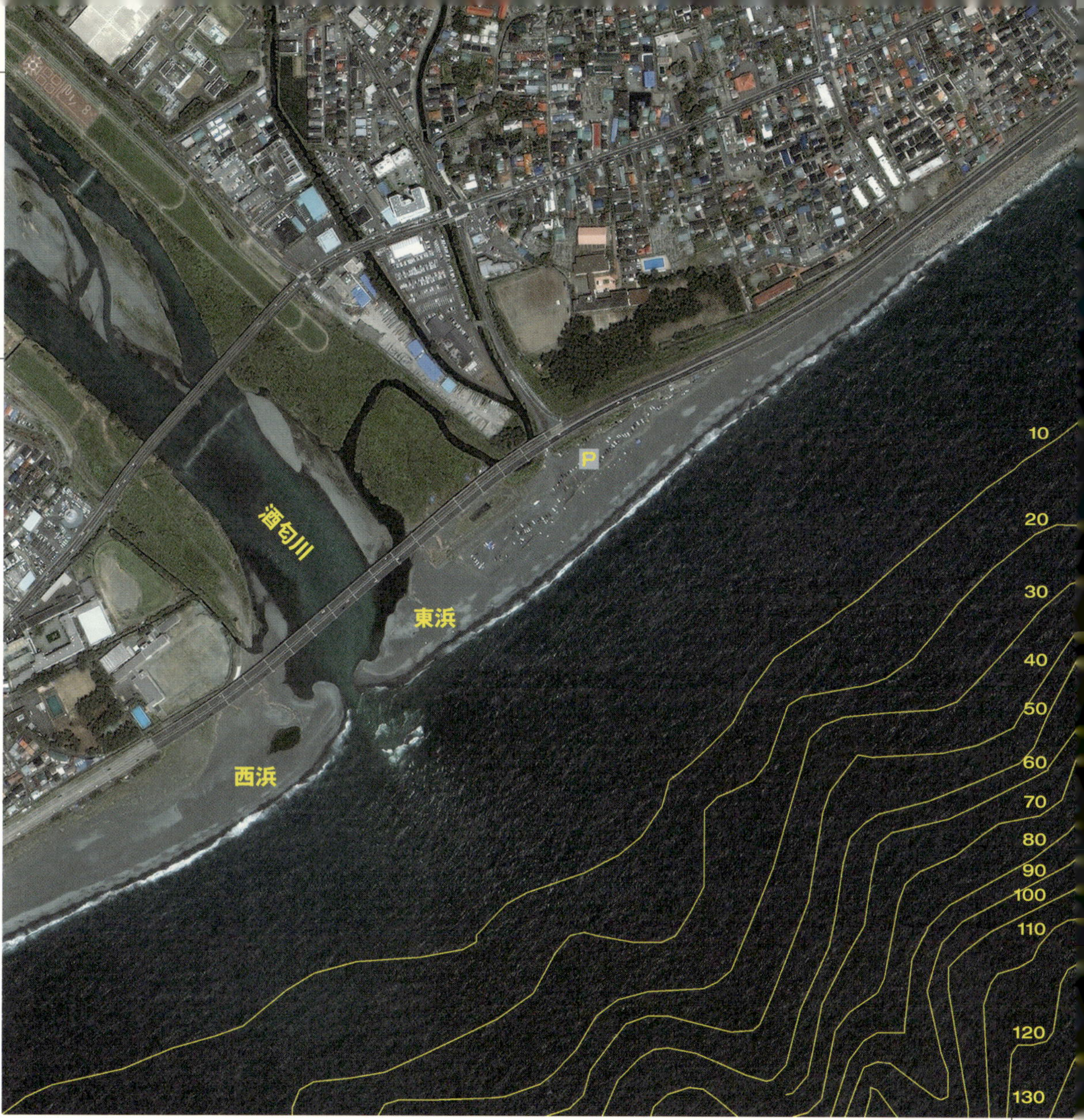

酒匂川

東浜

西浜

P

10
20
30
40
50
60
70
80
90
100
110
120
130

2002 / 7 / 20

河口付近はクロダイ、スズキ、ウナギ、ハゼなど、汽水を好む魚の宝庫だ

宮嶋屋釣具店　TEL：0465-47-2508

営業時間／7：00〜21：00
（火曜定休）
※釣り場からから徒歩5分

スーパー銭湯「湯快爽快さかわ」。TEL：0465-45-4126
営業時間／10：00〜1：30（年中無休）

コメント　夏場は釣りをするお父さんの周りで、ビーチテントを張って遊ぶ家族も目に付く。また釣り場からすぐの「湯快爽快さかわ」は魅力。寒いシーズンの釣りのあと、ゆっくり休んで一風呂浴びれば極楽気分が味わえる。

湘南｜酒匂川河口

エリア1 湘南

投げ釣りのメッカ。
渋滞ナシの電車釣行がオススメ
二宮海岸 にのみやかいがん

- ファミリー度 …… 3
- 大漁度 ………… 3
- 耐風波度 ……… 2

二宮海岸。梅沢川のポイント。沖には根がありジャンボギスが狙える。ここもご多分にもれず浜が痩せた

DATA

アクセス
◇車／袖ヶ浦海岸　東名高速厚木IC～小田原厚木道路厚木IC～二宮IC下りて5分、または西湘バイパス二宮IC下りてすぐ　梅沢海岸　東名高速厚木IC～小田原厚木道路厚木IC～二宮IC下りて5分、または西湘バイパス二宮IC下りて3分
◇電車・バス／袖ヶ浦海岸　JR東海道線二宮駅から徒歩10分　梅沢海岸　JR東海道線二宮駅からバス「吾妻神社前」または「山西」下車、徒歩3分

駐車場&トイレ
袖ヶ浦海岸　Pは特になし。海水浴シーズン（7～8月中）のみ袖ヶ浦公園のPがオープンしているが（1,000円/1回、9:00～17:00）、満車のことが多い。トイレは袖ヶ浦公園の公共トイレが使用できる　梅沢海岸　Pは特になし。トイレは海岸にあり

袖ヶ浦公園にある県営プールの駐車場。夏場のみのオープン

飲食店・氷
徒歩圏内にコンビニや、ちょっとした飲み物、スナック等が手にはいるような商店あり。氷はコンビニか酒屋、または浜近くの魚屋で手に入る

周辺情報
シーズン中は、海水浴場や町営の「袖ヶ浦プール」がオープンしている

片瀬西浜から小田原まで延々と続く砂浜はまさにサーフ天国（もちろん投げ釣りのこと）。なかでも、二宮海岸は投げ釣りのメッカだ。というのも、釣り場のアクセントになる河口や港、ヘッドランドなどがまったくなくて、釣りをするにはサーフしかないからだ。ひとつだけ、梅沢漁場の近くに防波堤はあるけれど、立ち入り禁止です。

でも、平坦に見える釣り場も海底はなかなか複雑。ポイントによって微妙に攻め方が違うのだ。なによりも、波打ち際からドン深で1～2mの水深があるのがいい。波打ち際のすぐ後方でも良型のシロギスやクロダイがヒットすることもあるのだ。当然、投げ釣りでサビく時はきっちりと波打ち際まで。そして、初夏と秋口のベタナギの日は超至近距離でシロギスが頻繁に掛かるので、遠投するベテランを尻目に子供やビギナーの釣果が勝ったりする。

さて、❶のプール下のポイントは駅から10分ほどの近さで電車族にはうれしい釣り場で、当然一番人気。もともと、シロギス釣りは数を釣ろうとするなら移動して足で稼ぐのが基本。よって、車よりも電車で来て一駅くらい歩く覚悟が欲しい。でも、この周辺は駅が海に近いので大丈夫。駐車場も梅沢漁場にしかないし。

プール下の東隣り❷はインター下。若干浅くて遠投有利。

また❸のKDDI下から❹の梅沢川にかけては根が点在してクロダイ狙いも可能。釣り方は、ブッコミ釣りか立ち込んでのウキフカセ釣り。梅沢漁場下❺は根掛かり

梅沢川

防波堤
立入禁止

2002 / 7 / 20

がなく、じっくりサビける。
　シロギス釣り以外では、潮が濁っている日ならイシモチ釣りが有望。半夜釣りでもいい。
　ほかには、夏のサーフトローリングでワカシ釣り。シロギスタックルと同じだから朝イチはまずワカシ狙いで。近くで地引き網をしていたらビッグチャンス。網からこぼれるウロコやシラスを追って波打ち際までワカシが寄っているゾ。

 宮戸釣具店　　　TEL：0463-71-2227

営業時間／5:00～20:00
（火曜定休）
※海まで徒歩5分

ファミリーでの釣りなら、季節によっては至近距離でも十分釣れるシロギス狙いがお勧め

コメント　本格的に釣ろうと思うと、ひたすら続く広い砂浜で一日中歩き回る案外ハードなサーフの釣り。でも家族や仲間とビーチキャンプや海遊びの合間に釣り…なんていう休日も良いのでは？

湘南　二宮海岸

エリア❶ 湘南

ファミリーフィッシングにぴったり。
サビキ釣り、チョイ投げ、ルアー、なんでもあり
大磯港 おおいそこう

- ファミリー度……5
- 大漁度…………4
- 耐風波度………4

大磯港。足場良好、釣果も良好。一番人気の❶ポイント

小さいけれどイワシ、ウミタナゴ、メジナ、スズメダイなど

DATA

アクセス
◇車／東名高速厚木IC〜小田原厚木道路厚木IC〜大磯IC下りて5分、または西湘バイパス二宮IC下りて5分
◇電車・バス／JR東海道線大磯駅から徒歩10分

駐車場&トイレ
港の隣に100台ほど、さらに道路を隔てて50台ほど駐車可能な有料の県営駐車場あり(夏820円/1日、通常期670円/1日)。駐車場の脇にトイレあり

釣り場すぐとなりに広がる大きな駐車場

飲食店・氷
徒歩圏内にコンビニやファミレスあり。氷はコンビニで、またはすずき釣具店で保冷材(350円/1個)が手に入る

周辺情報
7/10〜9/20までの期間、「大磯ロングビーチ」がオープン(9:00〜17:00、大人5,500円/1日、中・高校生2,500円/1日、小学生2,000円/1日、幼児500円/1日、3歳未満無料)。なおロングビーチは冬場(10〜3月いっぱいくらい)にはマス釣り場(入場料大人1,500円、子供1,000円、小学生未満無料、サオ&エサレンタル500円、タックル持ち込み2,000円)になる。また近くに大磯町営の「照ヶ崎プール」(9:00〜17:00、大人200円、中学生以下無料)や海水浴場もあり

　砂浜ばかりの西湘で大磯港は貴重な存在である。そのうえ、釣り場と駐車場ともに広くて、近くにはトイレと釣具店のあるお手軽ポイント。ビギナーのサビキ釣りからベテランのクロダイ釣りまで、それぞれ満足できるフィールドだ。

　もちろん、両脇の砂浜ではサーフの投げ釣りもできる。ただ、東浜は遠浅ぎみで夏には海水浴場になるので、西浜を釣り歩いたほうが期待大。隣接する二宮海岸まで好ポイントの連続だぞ。

　さて、港内のポイントは、中央の事務所がある岸壁の正面❶が一番人気。サビキでアジやイワシのほか小メジナやウミタナゴなどいろいろなサカナが釣れる。また、チョイ投げでシロギスやイシモチにハゼ。まれにヒラメもヒットする。

　その❶の右角から駐車場に続く護岸❷、❸は、混雑時に❶からあぶれた人がサビキ釣りなどをしているが、クロダイの穴場でもある。釣り方はウキフカセでタナは4.5m。エサはオキアミでいい。

　また、❶の左手にある古くて小さな堤防ではルアーでカマスとフッコが釣れる。先端よりも両側が良いが、外側は消波ブロックがあるので釣りにくく、内側はもやい綱を避けてのキャストになる。ルアーは5cmのシンキングミノーで。ちなみに、ここのカマスは港内で越冬するとか。

　それから、大磯港の両サイドにある大きな防波堤は先端への立ち入りが禁止されている。西側は砂揚げ場に

2002 / 9 / 2

なっているので釣り場はなく、東側の港内のみ釣ることができる。しかし、見た目よりも好ポイントで、階段付近❹や小突堤でもクロダイの実績は高い。

西側のプールの外側にある小磯❺でも、小さいながらクロダイやメジナが釣れる。ただし、全体的に浅いポイントなので曇天のマヅメ時以外は望み薄。夏の日中は絶望的です。

すずき釣具店　　TEL：0463-61-1302

営業時間／土日祝日4：30〜20：00、平日6：00〜20：00（定休日特になし）
※釣り場まで徒歩1分。ジャリメ、イソメから生きオキアミ、仕掛けやミネラルウォーターまでが24時間、365日いつでも手に入る、エサの自販機あり

お父さんと釣りに来たという青年。手軽な釣り場とあって、家族連れが多い

コメント 駐車場とトイレが完備されたきれいな釣り場。周辺に遊び場や飲食店なども多いので、家族やカップルにもお勧め。また「大磯フィッシングセンター（冬のロングビーチ）」も訪れたい。

湘南｜大磯港

エリア❶ 湘南

湘南のシンボルは釣り場としても大人気。
イシダイからハゼまでウデ次第！

江の島 護岸 えのしま ごがん

- ファミリー度……⑤
- 大漁度…………⑤
- 耐風波度………④

白灯堤防。高くて少し釣りにくいが立地条件は最高

DATA

アクセス
◇車／東名高速厚木IC～R129～R134～県道江ノ島線江ノ島大橋渡る
◇電車・バス／小田急線片瀬江ノ島駅から徒歩10分

駐車場＆トイレ
トイレは橋を渡ったところに1カ所、聖天島公園内に1カ所のほか、釣り場近くの駐車場内にもある。裏磯方面に行く途中にも何カ所かあり。駐車場は、江の島内に多数。堤防から徒歩1～2分の県営有料駐車場は5：00～21：30（800円/1回）

飲食店・氷
飲食店や自販機等は江の島内に多数あり。ファミレス、レストラン、氷が購入できるコンビニ等は、江の島を出て周辺に多数あり

周辺情報
「新江ノ島水族館」（入場料大人2,000円、小学生1,000円、幼児600円、3歳未満無料）は、相模湾大水槽やショースタジアムのほか、カフェやショップなどもあり、丸一日楽しめる。また展望台や熱帯植物園など、江の島内にも名所や見所多数。片瀬漁協では毎週日曜日の朝6：30から定置網の魚や新鮮野菜の朝市が開催されている

江の島には南側にある❶の白灯堤防先端と、北側にある❷のオリンピック公園前と2カ所の護岸釣り場がある。2つのうちイチオシなのはなんといっても白灯堤防。広い港南駐車場の端に停めれば釣り場まで1分以内だし、駐車場内にはトイレもあってファミリーにうってつけだ。

白灯堤防は外海に面して足場は7～8mと高いが魚影はバツグン。イシダイからサビキの小物までカバーする一級釣り場で、アオリイカや大物を狙うなら落としダモが必要。ただ、海底は岩礁帯で根掛かりばかり。ビギナーは1本バリのチョイ投げかサビキ釣りを。また、先端灯台下の護岸際にはケーソンが沈めてあり、際をウキ釣りで流せばクロダイやメジナが。

その内側の白灯護岸❸は、広くて低い護岸で足場も良く、ちびっ子でも安心。先端は潮通しが良くて一番人気だ。海底は砂泥で、投げ釣りならシロギスやカレイ。護岸際ではサビキ釣りでアジ、イワシ、ウミタナゴなど。また、カワハギを専門に狙う人もいる。あと、夏～秋の回遊魚シーズンにはルアーやサーフトローリングでイナダやワカシなど。さらに、アオリイカのエギングとタコも狙い目。タコはテンヤを手投げでできるだけ遠投して小突きながら誘う。

ちなみに、護岸は足場が良くて夜釣りも楽しい。しかし、10時以降は駐車場が閉まり通行禁止になり、朝まで出られなくなる。

江の島周辺ではほかに片瀬川河口❹でスズキが狙える。アベレージは60～70cm。ルアーでもいいがビギナーにも簡単なブッコミ釣りがオススメ。エサ釣りだとクロダイやキビレ、ウナギなどが外道で釣れるからだ。また、R134の橋近くではハゼも釣れる。

サーフでは新江ノ島水族館前周辺が好評。遠浅なので4色（1色＝25m）以上の遠投が有利。釣期は10～11月がベスト。春はアタリが少なく、初夏～秋口は人が多くて釣りにならない。それから、雨の後や潮が濁っている日はイシモチを狙おう。

片瀬川

2002 / 3 / 13

「もうちょっと大きい魚を撮ってもらいたかったナ～」と、都内から来た女性。ここは女性一人でも安心な釣り場だ

船七釣船店　TEL：0466-22-4750

営業時間／5：40～20：00
（定休日特になし）
※小田急片瀬江ノ島駅目の前。小田急一番電車より営業

白灯下の護岸。広くて安全。チョイ投げやサビキ釣りなどのファミリー釣りから、カワハギやイナダなどの本格的な釣りまで

コメント 江の島そのものが観光地で、見所がいっぱい。護岸の釣り場は広くきれいで、駐車場もトイレも近い。シーズン中の土日は混むが、それ以外なら家族、カップル、女性一人で来てもゆっくり楽しい時間が過ごせる。

湘南｜江の島　護岸

エリア① 湘南

常時バリバリモードの有望ポイント。
入磯は完全装備で荷物は少なく
江の島 磯
えのしま いそ

■ファミリー度……②
■大漁度…………⑤
■耐風波度………③

駐車場から比較的行きやすい表磯。アオリイカと夜メバルの穴場

裏磯の一番人気の磯、大平。イナダなどの回遊魚からイシダイ、アオリイカも

DATA

アクセス
◇車／東名高速厚木IC〜R129〜R134〜県道江ノ島線江ノ島大橋渡る
◇電車・バス／小田急線片瀬江ノ島駅から徒歩10分

駐車場&トイレ
トイレは橋を渡ったところに1カ所、聖天島公園内に1カ所のほか、釣り場近くの駐車場内にもある。裏磯方面に行く途中にも何カ所かあり。駐車場は、江の島内に多数。堤防から徒歩1〜2分の県営有料駐車場は5:00〜21:30（800円/1回）

表磯に近い港南駐車場。トイレもあって便利

飲食店・氷
飲食店や自販機等は江の島内に多数あり。ファミレス、レストラン、氷が購入できるコンビニ等は、江の島を出て周辺に多数あり

周辺情報
「新江ノ島水族館」（入場料大人2,000円、小学生1,000円、幼児600円、3歳未満無料）は、相模湾大水槽やショースタジアムのほか、カフェやショップなどもあり、丸一日楽しめる。また展望台や熱帯植物園など、江の島内にも名所や見所多数。片瀬漁協では毎週日曜日の朝6:30から定置網の魚や新鮮野菜の朝市が開催されている

　まずは、超人気スポットのいわゆる江の島裏磯。江の島の西端にあり有力ポイントが連なる中・上級者向きの釣り場である。でも、磯までのアクセスがチョイト大変。北側の参道を通ってもたっぷり20分。そのうえ、磯に下りる階段が急で、健脚向きか。できるだけ軽装備で望まないと釣り場への往復だけでバテてしまうゾ。ただ、日中ならば片瀬川から観光船が出ているので、往復のどちらかに利用するテもある。

　一番人気の大平の磯❶は下り口の階段に近くて比較的足場もいい。この周辺では、クロダイ、キビレ、マダイ、メジナ、スズキ、イナダ、イカ、アジ、イシダイなど、時期と釣り方でターゲットは多彩だ。大平の北はトウロウ下❷と大黒ノ鼻❸へと続き、南は魚板岩❹から泉ケ崎❺まで。

　その先にある❻の長磯から先は表磯。港南駐車場から入磯できるラクチンポイントだ。それでも、駐車場から長磯までは磯伝いに10分。磯際でなくても濡れているところはすべるので要注意。裏磯同様、スパイクシューズとライフジャケットなどの装備は万全に。

　駐車場に一番近い❼の釜ノ口は平坦な磯で、波の高い日は危険。ナギに釣行しよう。クロダイ、メジナのほか、メバルとアオリイカも有望。ウキ下は3〜4.5m。その先の❽水道口の磯はクロダイならタナ3m。メジナなら1mで。

　水道口と長磯までの間は浅くて、ハナレ根が点在している。アタリがなければドンドン移動する拾い釣りがい

2002 / 3 / 13

いだろう。そして、人気磯の長磯❻は先端手前の左側にあるワンドが狙い目。水深は磯際でも5〜8mもありクロダイの一級ポイントだ。ただ磯が低くて、潮位によっては足元が波に洗われる中・上級者向きの釣り場。できればチャランボが欲しい。

船七釣船店　TEL：0466-22-4750

営業時間／5：40〜20：00
（定休日特になし）
※小田急片瀬江ノ島駅目の前。小田急一番電車より営業

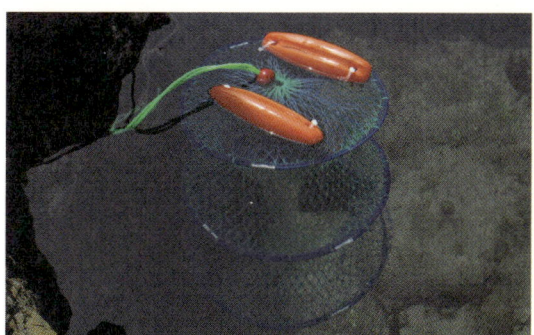

表磯で釣れていたクロダイ

コメント 江の島そのものが観光地で、見所がいっぱい。裏磯へ行くまでの道は上り下りで大変だが、ハイキングと思えば楽しいかも？　磯は釣り場までの距離や足場のことを考えると、あまり家族向きではない。

湘南｜江の島　磯

エリア1 湘南

湘南の海岸は見た目よりも実力派。
ボート釣りはナギの日に

材木座海岸 ざいもくざかいがん

- ファミリー度 …… 3
- 大漁度 …………… 3
- 耐風波度 ………… 2

マリンスポーツでにぎわう材木座海岸。釣りだって見た目以上の実力だ。ムラギボートではエサ、仕掛けなどを扱っていないので途中で用意してくること

DATA

アクセス
◇車／横横道路逗子IC～逗葉新道～R134滑川交差点を左折し1つ目の信号を右折、さらに突きあたりを右折してすぐ
◇電車・バス／江ノ電鎌倉駅から徒歩15分、JR横須賀線鎌倉駅から徒歩15分、または小坪経由逗子駅行きバス「材木座」下車すぐ

駐車場&トイレ
海岸にトイレあり。駐車場は釣り場から5分ほど。70台くらい駐車が可能で、海水浴シーズンは400円/1h、通常時300円/1h

飲食店・氷
夏場は浜に海の家が並び、食事やシャワー、休憩ができる。徒歩7～8分にコンビニあり。同じく徒歩7～8分の「逗子マリーナ」にはレストランやショップあり。車で鎌倉駅周辺まで出れば、ファミレスや食事のできるところ多数。氷はコンビニまたは岡本釣具店（200円/1kg）で手に入る

ちょっと洒落た個性的な海の家が並ぶ、夏場の材木座海岸

周辺情報
夏場の浜は、海の家が軒を連ねるにぎやかな海水浴場となる。またちょっと足を延ばせば、名所旧跡や神社仏閣、博物館から食べ物屋等まで、見所多数

滑川をはさんで東側が材木座海岸で西側は由比ヶ浜。どちらの海岸も遠浅で、投げ釣りは遠投力が必要である。もちろん、シロギスの数を望むなら少しずつ移動して釣り歩くこと。それと、波の高い日は釣りにくいしサーファーが多くなるので釣行しないほうが無難だ。

投げ釣りのほかにはルアーのスズキ。ポイントは滑川河口で、大物を狙うなら真冬の夜釣り。使用するルアーはミノーのシンキングかバイブレーションタイプを。

どちらにせよサーフからの釣りは中・上級者向けになる。でもボート釣りならビギナーでもラクラク。対象魚は豊富で大漁まちがいなし。

まず、春から晩秋のシロギスはポイント❶で。流し釣りをする十分な広さがあり、お約束のマゴチ釣りも有望。

その手前にあるブイ周り❷では、ウキ仕掛けの掛かり釣りでクロダイ狙い。ハイシーズンは春と秋で、春のノッコミ時期には2キロオーバーの大物もヒットする。

次に、和賀江島の沖にある水深3～4mの岩礁帯❸はカサゴとアオリイカのポイント。カサゴはテンビンとドウヅキ仕掛けを合体させた欲バリ仕掛けで、アオリイカは、ほかのポイントで釣ったシロギスかアジをエサにした泳がせ釣りがおもしろい。浅いポイントなのでウキ仕掛けのムーチングで広く探るのがコツだ。

それから、沖に設置されている定置網周りではカワハギ、アジなどのほかにイナダなどの回遊魚が釣れる。ただし、定置網への係留は禁止されている。

さらに、その沖にある根ではカワハギを専門に狙う人が多い。水深は10m前後で、ここが一番深い。

このように、材木座海岸のボート釣りは全般的に浅く、サビキや回遊魚狙いのコマセ釣りでもライトタックルが使えるから、メッチャおもしろい釣りになるゾ。なお、クロダイとアオリイカのウキ釣りには1～2号4.5m前後の磯ザオを使う。どこの釣り場でもそうだが、ムーチングは大物のヒット率が高い。ハマるのを覚悟しておいたほうがいいかも。

コメント 観光地鎌倉だけあって、周辺には楽しいお店や名所、見所がいっぱい。近くの「逗子マリーナ」にもオシャレなレストランやショップがあり、アフターフィッシングにカップルでぶらりとするのに最適。

岡本釣具店　TEL：0467-22-4608
営業時間／土日祝日8：30～17：00、平日9：00～17：00（水曜定休）
※小坪港近く

ムラキボート　TEL：0467-23-8388
営業時間／6：00～15：00（定休日特になし）
※ボートは手漕ぎ（2人乗り）のみ。ボートレンタル料　2人乗り3,500円/1日

湘南　材木座海岸

エリア1 湘南

元町堤防、森戸川河口、小場所ながら魚種豊富。
ボート釣りも超有望

葉山 森戸周辺
はやま もりとしゅうへん

■ ファミリー度 …… ④
■ 大漁度 ………… ④
■ 耐風波度 ……… ③

森戸神社前、千貫松下の磯は、ウデが良ければクロダイも釣れる

沖に見える、鳥居がある島が名島。ボート釣りは名島の近くがポイント

DATA

アクセス
◇車／森戸海岸　東名高速横浜IC〜横横道路逗子IC〜逗葉新道渚橋交差点左折5分　鈴木ボート　逗葉新道渚橋交差点左折300m
◇電車・バス／葉山釣具センター　JR横須賀線逗子駅から葉山一色行きバス「元町」下車すぐ　鈴木ボート　JR横須賀線逗子駅から葉山一色行きバス「鐙摺」（あぶずる）下車、目の前

駐車場&トイレ
森戸海岸　周辺にP多数。釣り場から徒歩3分ほどの森戸神社駐車場は150台ほど駐車可能で、夏は3,000円/1回、午後2:00から1,500円/1回。通常期は2,000円/1回で午後2:00から1,000円/1回。葉山釣具センターでボートを借りる場合は専用Pあり（1,600円/1日）。海岸の入り口にトイレあり　鈴木ボート　向かいの店に駐車スペースあり（1,500円/1日）。また近くに140台ほど駐車可能な葉山港の駐車場がある（7〜8月400円/1h 無休、通常期300円/1h 火曜定休、5:00〜22:00）

森戸海岸に一番近い森戸神社駐車場

飲食店・氷
森戸海岸周辺にはコンビニ、食べ物屋等多数。夏には海の家も軒を連ね、食事やシャワー、休憩ができる。また渚橋交差点周辺にコンビニ、ファミレスあり。氷はコンビニおよび葉山釣具センター、鈴木ボートの向かいの店等で手に入る

周辺情報
森戸海岸は、夏場には海の家が軒を連ねるにぎやかな海水浴場となる。鈴木ボート前もビーチになっていて、夏場は海水浴や水遊びが可能。またちょっと足を延ばせば、マリーナやサーフショップ、食べ物屋まで、見所、味わい所多数。また葉山港では毎週日曜日の朝9:00から、朝市が開催されている

　見た目は小さな漁村のちっぽけな堤防にしか見えない元町堤防❶だが実力はピカイチ。ウキ釣りでクロダイとメジナもOK。周囲が岩礁だらけなので一見投げ釣りはムリそうだが、真沖の80mより先は砂地でシロギスとカレイが釣れる。ただ釣り座が堤防先端の左角だけなので先釣者がいればアウト。釣り人の少ない冬季がオススメだ。まぁ、普通に投げ釣りをしたい人は森戸海岸で。

　それから、森戸川河口の消波ブロック❷も侮れないポイントだ。ウキ釣りの本命はクロダイ。右側にあるハナレ根から沖へ、浅い沈み根が10mほど続いているのでウキ下3mで流す。ほかに、投げ釣りにサビキ釣りと、ルアーではフッコやメッキなどがヒットする。さらに、対岸の千貫松下の磯❸も好ポイント。全体的に浅い釣り場だが、沖の名島から常に魚が供給されるため魚影が濃いのだ。

　隣接する真名瀬港❹も小場所ながら多彩な魚が釣れる場所である。湾内は根が点在しておりチョイ投げ釣りが手軽だ。シロギス、ベラ類、カサゴなどのほかタコもよく掛かる。また、釣った小魚をエサにブッコミ釣りでヒラメを狙う人もいる。

　さて、森戸のボート釣りも対象魚は豊富。初夏からのシロギスに夏〜秋の回遊魚、冬のカレイ、カワハギに春のメバルなどなど。なかでも、アオリイカとヒラメがオススメだ。ボートを貸してくれる葉山釣具センターの店主は実釣派でウンチクも深い。アオリイカはエギ。ヒラメは沖にイワシイケスがある日が高確率。店内でタックルやエサなどすべてそろうから便利である。

森戸海岸
森戸川
名島
真名瀬港
2003 / 1 / 31

有力釣り場の元町堤防。高い壁が増設されたので以前よりも安全になった

葉山釣具センター　TEL：046-875-5700

営業時間／店舗　6：00～19：00(7～8月無休、冬季営業時間7：00～15：00)　ボート営業　土日祝日7：00～15：00、平日7：00～15：00
※店舗は森戸海岸徒歩3分。森戸海岸にてレンタルボート営業。船外機あり。ボートレンタル料　手漕ぎ(ボート釣り)…3,500円/1日(船外機利用は2,000円引き)、手漕ぎ(レジャー)…1,200円/1h、3人乗り船外機船(6、8、9.9hp)…12,000円/1日、4人乗り船外機船(15hp)…15,000円/1日、曳き船…500円

鈴木ボート店　TEL：0468-71-4913

営業時間／土日祝日6：30～15：00、平日7：00～15：00(定休日年に数回、要問)
※鐙摺バス停前の浜の貸しボート。ボートは手漕ぎのみ。
ボートレンタル料　2人乗り3,500円/1日、3人乗り5,500円/1日

コメント　オシャレな遊びどころが多い葉山エリア。貸しボート店も多いので、せっかくだからボート釣りを楽しもう。ただし夏場は道路だけでなくビーチも海上も大混雑、駐車場料金等も高いので避けた方が無難です。

湘南　葉山　森戸周辺

エリア1 湘南

穏やかな海岸はキッズでも安心。
ボート釣りはマダイが狙い目

葉山 一色周辺
はやま いっしきしゅうへん

■ファミリー度……④
■大漁度…………③
■耐風波度………③

磯とつながっていない一色堤防。満潮時にはかなり深くなるので注意

下山川河口

DATA

アクセス
◇車／一色海岸　東名高速横浜IC〜県道27号〜R134御用邸前交差点右折してすぐ
◇電車・バス／一色海岸　京急新逗子駅からバス「一色海岸」下車すぐ　長者ヶ崎　京急新逗子駅からバス「葉山公園」または「長者ヶ崎」下車すぐ

駐車場&トイレ
ボートを借りる場合は専用Pがあるほか、周辺にP多数。夏場(7〜8月)のみ有料または特別料金で、オープン時間が早い場合が多い。真名瀬駐車場、三ヶ岡駐車場(通常期8:00〜17:00、500円/1日、夏6:00頃〜17:00、平日1,500円/1日、休日2,000円/1日)、県立美術館駐車場(400円/1h、夏600円/1h)、長者ヶ崎駐車場(砂利、通常期8:00〜17:00、無料、夏6:00頃〜17:00、平日1,500円/1日、休日2,000円/1日)など。また奥に売店のある長者ヶ崎の広いPは、400円/1hで、売店で商品を買うと2時間無料。トイレは海岸、駐車場にあり

通常期無料の長者ヶ崎のP

飲食店・氷
周辺にコンビニ、ファミレス、スーパーをはじめ、小さなレストランや売店多数。また夏には浜一面に海の家が立ち並ぶ。氷はコンビニ、山田屋釣具ボート等で手に入る

周辺情報
周辺には「葉山しおさい博物館」(大人300円、小・中学生150円)、「県立近代美術館」(大人900〜1,100円、高校生以下無料)「山口蓬春記念館」(大人400〜500円、高校生以下無料)など、文化的な見所も多い。夏場は海水浴やマリンスポーツ体験等

　一色海岸から長者ヶ崎にかけて穏やかで遠浅の海岸が続く。おまけに、緑が多く景色もいいものだから、海水浴シーズンは大勢の人でイモ洗い状態。よって、サーフからの投げ釣りはムリ。また、トンビ磯などのほかの釣り場も浅いところが多いため、夏の日中の釣りは避けたほうがいいかも。

　❶の一色堤防は小場所ながら雰囲気の良いフィールドである。ただし、堤防は磯とつながっておらず、干潮時のみ渡ることができる。大潮の干潮時にはほとんど濡れずに堤防に乗れるが、逆に満潮になると、ウェーダーをはいていても帰れなくなるので十分注意したい。ポイントは先端付近で、ウキ釣りのメジナ、クロダイとチョイ投げのシロギス。あとは、テトラの穴釣りかソフトルアーのアンダーショットリグでカサゴなど。

　御用邸を流れる下山川河口の大浜海岸❷には四角い消波ブロックの導流堤が2本突き出ていて、秋口から晩秋にかけてサナギクロダイの好ポイントになる。海に向かって左側のブロックがポイントで、先端から中ほどまでを1〜1.5mのタナで流す。右側ブロックは満潮時に水没する。

　❸のトンビ磯で本格的に釣るなら、先端外側のテトラでクロダイ、メジナ狙い。ファミリーなら、堤防内側の中ほどでイワシ、小サバのサビキ釣りかシロギスのチョイ投げ。テトラに乗らなければ足場は良く、駐車場からも近いラクチン釣り場だ。

　陸っぱり以外では、周辺にボート釣り場が2カ所ある。まず、一色海岸の山田屋釣具ボート❹はシロギス、カワハギ、カサゴのほか、夏〜晩秋のイナダも。ポイントは

一色堤防から延びるハエ根❺。
　次は、長者ヶ崎海岸のオオモリボート（旧アライボート）❻。ブイ周りのマダイ＆回遊魚をメインにアオリイカ、シロギス、カワハギなど。ここでは曳き船サービスをしてくれるので釣り物を申告すればポイントへ直行できる。ただし、釣り場への往復だけで、ポイント移動は自力で（女性のトイレタイムの曳き船はOK）。

オオモリボート　TEL：090-1776-6586
営業時間／土日6：00～14：00、平日7：00～14：00（金曜定休）
※長者ヶ崎海岸の貸しボート。手漕ぎボートのみ。ボートレンタル料　2人乗り4,000円/1日、3人乗り6,000円/1日。土日は要予約

山田屋釣具ボート　TEL：0468-75-0636
営業時間／6：30頃～15：00（定休日特になし）
※一色海岸の貸しボート。手漕ぎボートのみ（船検取得艇はあるので、エンジン持ち込みは可能、要相談）。エサ、仕掛け、釣具等販売。専用P（1,000円/1日）あり。ボートレンタル料　1人乗り1,500円/1日、2人乗り3,500円/1日、3人乗り5,000円/1日

コメント　海水浴やマリンスポーツが盛んなエリアで、アフターフィッシングに遊べるスポットも多い。ただし夏場は駐車場をはじめとして、例年"特別夏価格"＆大混雑が予想され、あまり釣りには向かないかも。

湘南　葉山　一色周辺

エリア❷ 三浦半島

長井側は冬季のクロダイポイント。
ボート釣りはヒラメからハゼまで
小田和湾 おだわわん

■ ファミリー度 …… ❸
■ 大漁度 ………… ❸
■ 耐風波度 ……… ❸

観音鼻の堤防。地味なロケーションだが結構釣れる穴場的存在

最近人気の長井の親水護岸。週末ともなると、家族連れやたくさんの釣り人でにぎわう

DATA

アクセス
◇車／佐島　東名横浜IC〜横横道路衣笠IC〜林交差点右折し佐島入口左折　長井　横横道路衣笠IC〜林交差点左折し荒崎入口右折
◇電車・バス／佐島　京急三崎口駅からバス「佐島入口」下車徒歩30分、またはJR横須賀線逗子駅か京急新逗子駅より佐島マリーナ前行きバス「佐島マリーナ前」下車、徒歩5分　長井京急三崎口駅から荒崎行きバス「岡崎」下車、徒歩1分

駐車場&トイレ
佐島　ボートを借りる場合は無料Pあり。トイレも店で借りられる
長井　P特になし。すぐ近くの公園内に公衆トイレあり

飲食店・氷
佐島周辺にはコンビニはない。パンやカップラーメン程度が買える店はあり、佐島マリーナとその周辺に、レストランや食堂があるが、贅沢をするつもりがなければ弁当やお菓子、飲み物等は事前に準備しておいた方が無難。長井は釣り場近くにコンビニあり。氷はコンビニや佐島の魚屋、つね丸、徳丸等で手に入る

周辺情報
「佐島マリーナ」には、レストランのほか、夏にはプールがオープンする。「天神島臨海自然教育園」は入場無料（9:00〜17:00、金曜、毎月末・年末年始定休、Pあり要予約）。自然観察等を目的とした施設で、ビジターセンターには展示・資料室や学習室等完備。定期的に体験学習会などが開催されている

　近年、クロダイの越冬場所として注目されている小田和湾。湾内は立ち入り禁止の場所が多くて釣りのできる場所は限定されるが、ジックリ探せば、小さいながら釣り場は何カ所かある。釣り歩いてマル秘のマイポイントを探索してみよう。

　衛星写真にギリギリ写っているが、長井側にある❶の親水護岸などは、以前なら見向きもされないポイントだった。しかし、最近の人気はうなぎのぼり。釣期が冬という貴重な釣り場で、ウキを遠投して1〜1.5mのタナを根掛かり覚悟で流す。朝から粘るよりも、昼から夕方にかけて集中したほうがいい。それから、釣行は南西風の吹く日が好機だ。

　また、佐島港近くにある❷の観音鼻は堤防と小磯のある釣り場でウキ釣り、サビキ釣り、チョイ投げができる。対象魚は、クロダイ、メバル、シロギス、スズキ、カサゴ、ハゼ。

　陸っぱりでもそれなりに釣れるけれど、小田和湾でゆっくり釣りをするならやはりボート釣りがオススメだ。駐車場の心配もないし。

　まずイチオシの釣り物は、夏から晩秋に釣れ盛るハゼ。ポイントは湾奥で水深が1〜3mのトコならドコでも釣れると思っていい。ただ、夏はまだハゼの型が小さいのでその頃は❸でシロギスを釣る。そして、釣ったシロギスをエサにヒラメかマゴチ狙い。それから、❹のイケス（係留禁止）近くのサビキ釣りでアジやイワシ。

　秋になれば同じ❸でイナダやクロダイが釣れ、年によってはシマアジやカンパチの回遊もみられる。また、❺付近でカレイも釣れ始める。

　その後、秋から春にかけてはカワハギをメインにカレイやクロダイも釣れる。浅場で釣るカワハギはアグレッシブ。沖釣りのカワハギビギナーにはいい練習にもなるヨ。

*このエリアの表示範囲は約2km四方になっています　　2003／1／31

	つね丸	TEL：0468-56-4472

営業時間／4〜10月4：30〜16：30、11〜3月5：30〜16：30（金曜定休）
※佐島港を出たすぐのところにある貸しボート。エサ、仕掛け等販売。船外機付きボートあり（航行可能な区域は手漕ぎと同）。ボートレンタル料　船外機付き和船5人乗り12,000円/1日、2人乗り手漕ぎ3,500円/1日、3人乗り手漕ぎ4,000円/1日

	徳丸	TEL：0468-55-6117

営業時間／金土・祝前日24時間、平日4：00〜19：00（火曜日〜9：00、年中無休）
※釣り場から徒歩10〜20分。生きエサとしてアジ、イワシ、コウナゴ等あり

コメント　砂地や岩礁エリアの入り交じった小田和湾。海は穏やかな日が多く、ポイントも近いので、ぜひファミリーでボート釣りを。また帰りには「天神島臨海自然教育園」で、自由研究のヒントを見つけては？

三浦半島　小田和湾

エリア2 三浦半島

風光明媚な磯での釣りは気持ちイイ〜。
クロダイの実績は周辺ナンバーワン

荒崎周辺
あらさきしゅうへん

■ファミリー度……2
■大漁度…………3
■耐風波度………3

比較的風波に強いドンドン引きの磯。石柱が目印で右角がポイント

弁天島

DATA

アクセス
◇車／長井　東名高速横浜IC〜横横道路衣笠IC〜三浦縦貫道〜R134荒崎入口で右折3分　荒崎　〜R134荒崎入口で右折して海沿いに突き当たりまで5分
◇電車・バス／長井　京急三崎口駅から荒崎行きバス「岡崎」下車、徒歩すぐ　荒崎　京急三崎口駅から荒崎行きバス「荒崎」下車、徒歩5分

駐車場＆トイレ
長井　Pは特になし。トイレは県営住宅前の公園内にあり　荒崎　釣り場から3分に荒崎公園駐車場（97台収容、8:00〜17:00または18:00、土日祝日および7/21〜8/31 600円/1回、それ以外無料）。公園入り口にトイレあり

荒崎の釣り場近くにある荒崎公園駐車場。オフシーズンの平日は無料

飲食店・氷
長井は徒歩圏内にコンビニあり。荒崎は駐車場に自販機がある以外は、国道まで出るとなにもないので注意。国道沿いにはコンビニ、ファミレス等あり。氷はコンビニで手に入る

周辺情報
荒崎は三浦半島でも屈指の景勝地。変化に富んだ海岸美が楽しめるほか、荒崎公園の展望台からは富士山も望める。また長井や長浜へ、海辺をたどったハイキングも可能

　風光明媚で観光地としても有名な荒崎は、複雑な磯を持ち、釣り場としても一流である。クロダイ、メジナをはじめメバルやスズキもターゲット。小物ならアジやウミタナゴにカワハギも釣れる。

　また、周辺には4つの漁港があり、長井港と仮屋ケ崎堤防は立ち入り禁止になっているが、新宿港、漆山港、荒井港と小さいながらも有望な釣り場が続く。なかでも新宿港の小堤防❶は、常夜灯があり夜釣りもOK。しかも堤防付け根に駐車場（有料）があるラクチンポイントだ。主に防波堤先端付近が釣り場で、ウキ釣り、サビキ釣りが可能。せっかく常夜灯があるのだからタマヅメにサビキでアジを狙いたい。また対岸の船揚げスロープ❷は、普段はウミタナゴくらいしか釣れないが、荒れ気味の日にはクロダイポイントに変身する、侮れないスポットである。

　荒崎には大きく分けて3つの釣り場がある。まず、最初は長井側にある試験場前の磯❸。広い磯の中央付近が釣り場でハナレ磯の際を探る。水深は3〜4mで比較的足場が良く、初心者向きである。

　次は、その隣の城山下の磯❹、荒崎じゅうでもっともクロダイの実績のある磯だ。磯の先端から左側が本命ポイントになるが、先端中央部の少し左に沖へ走る溝があり、クロダイ狙いならその溝を攻めてみよう。

　3番目は、入江の先にある石柱が目印のドンドン引きの磯❺。先端の右角を足元ならタナ3m、沖ならタナ4.5mで狙う。磯が高くて釣りやすく、シケで❸❹のポイン

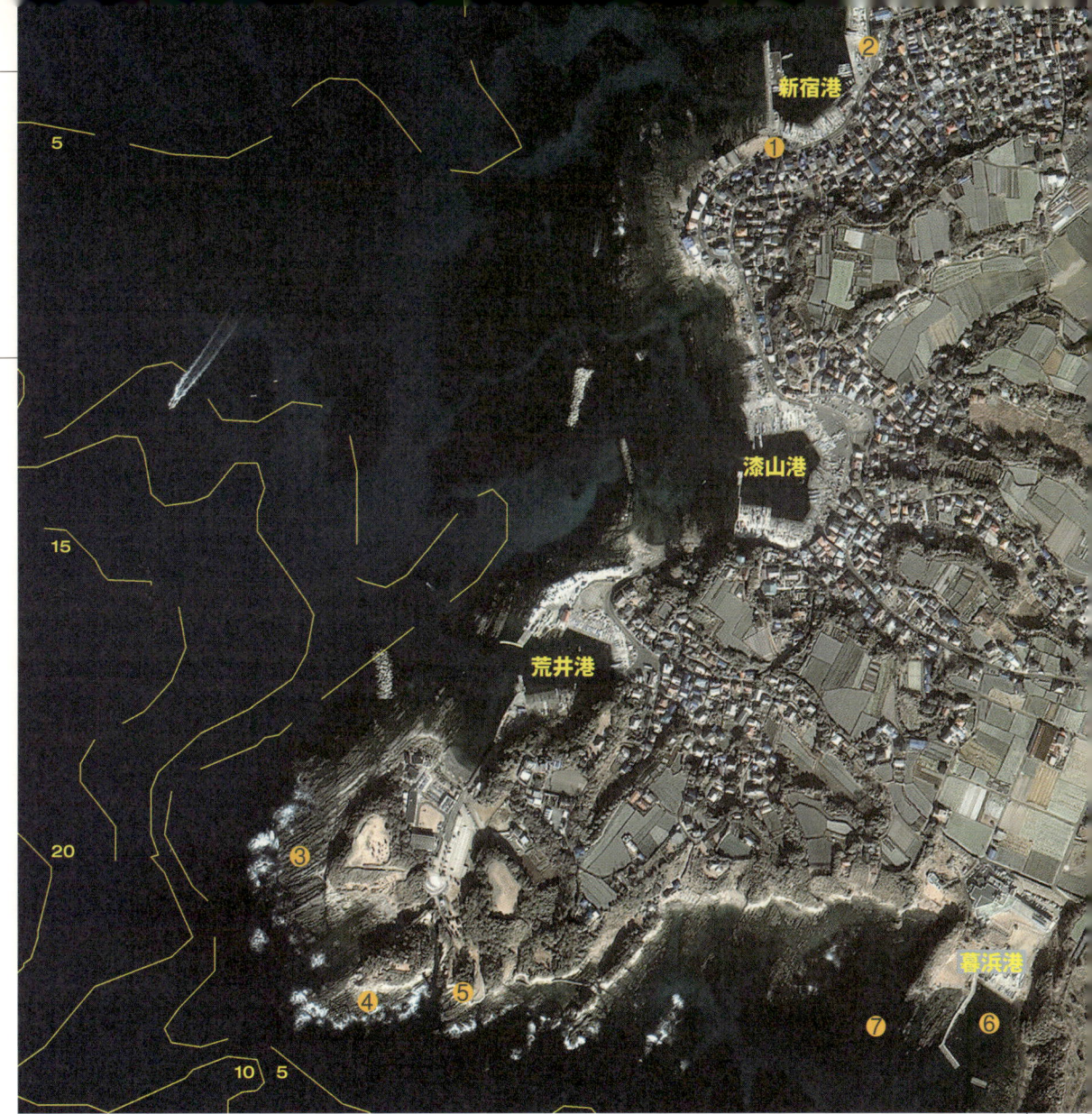

新宿港
漆山港
荒井港
暮浜港

2003 / 1 / 31

トへ入れないときの逃げ場として覚えておくとよい。
　暮浜港❻は堤防とスロープだけの小さな港。国道からの進入路が分かりにくく、クロダイ釣り師には有名な穴場（？）である。陸続きの右側の堤防が本命釣り場で、ほとんどの人がダンゴ釣りをしている。ウキ釣りなら隣のお仙ケ鼻の磯❼で。先端右側が釣り場で定員2名、足元および10m先を流す。足場は高いが水深もあり、大物の期待感にあふれている。
　ちなみに、暮浜周辺には駐車場やトイレの設備はないので、そのつもりで。

城山下の磯　　　　　　　　夜釣りもおススメ、新宿港（旧長井港）

コメント 荒崎は景色も良く魅力的な釣り場だが、足場の悪い岩場も多く、釣り道具一式をかついで歩くのはなかなかの重労働。売店等もないので、要事前準備。小さい子供や慣れない彼女連れには向かない。

徳丸　TEL：0468-55-6117

営業時間／金土・祝前日24時間、平日4：00～19：00（火曜日～9：00、年中無休）
※釣り場から徒歩10～20分。生きエサのアジ、イワシ、コウナゴ等あり

三浦半島　荒崎周辺

エリア❷ 三浦半島

釣果優先なら諸磯へ。
ボートは本気の沖釣りアイテムで
油壺 & 諸磯
あぶらつぼ & もろいそ

■ファミリー度……❹
■大漁度…………❹
■耐風波度………❺

ポンプ小屋の磯。メバルに、時季にはイナダも

諸磯

DATA

アクセス
◇車／東名高速横浜IC～横横道路衣笠IC～三浦縦貫道～R134油壺交差点をマリンパーク方面に約5分
◇電車・バス／京急三崎口駅からバス「油壺」下車、徒歩5分

駐車場&トイレ
釣り場から5分の油壺バス停のところに市営駐車場(140台収容、8：00～17：00、休日400円/1回、平日300円/1回)があるほか、「油壺マリンパーク」の駐車場も使える(500円/1回)。ただし夏場はマリンパークを利用しない車は1回3,000円の夏料金(入園時に2,500円返金)となるので注意。横堀海岸、駐車場等にトイレあり。また海水浴シーズンには海の家が営業していて、シャワー、トイレなどが借りられる(有料)

飲食店・氷
駐車場周辺に売店あり。氷は油壺釣船組合で1kg100円。また「油壺マリンパーク」や周辺のホテルにも売店等があり、食べるものには困らない

周辺情報
横堀海岸、荒井海岸等では、夏場は海の家も出て海水浴が楽しめる。また城ヶ島まで40分の観光船(片道大人1,300円、子供650円)も毎日7～8往復就航している。釣り場のすぐ近くには「油壺マリンパーク」(大人1,700円、中学生1,300円、小学生850円、幼児450円)や「熱帯植物園」もあり。「油壺観潮荘」では海洋深層水を使用した露天風呂で日帰り入浴ができる(11：00～20：00、大人1,000円、子供500円、幼児無料)

城ヶ島～油壺間を運航する観光船の発着所

　諸磯崎の先端近くの南にある高飛び込みの磯❶が、周辺でのピカイチポイント。切り立った磯のわりに足場が良く、高さも適度で釣りやすい。海底は複雑で水深は3～6m。オナガメジナも掛かるメジナの好ポイント。冬には良型のサヨリも回遊して、一年中釣り人が絶えない。またシーバスポイントとしても定評がある。

　それから浜諸磯バス停前にある浜諸磯の港❷も、チョイ投げや簡単なウキ釣りを楽しむには手ごろ。

　一方、油壺マリンパークのある岬は、駐車場が充実しているのでクルマ族には便利だ。一番人気は東大臨海実験所裏の磯❸。釣り座は3つしかないが、足元から2～3mの水深があり、クロダイも望める。それと、沖は砂地だから本格的な投げ釣りもできる。磯からの投げ釣りには三脚タイプのサオ掛けが便利。またシーバスルアーもOK。なお、ここより先は釣り禁止になっている。

　岬反対側の、胴網海岸脇にあるポンプ小屋の前❹も、魚影の濃い場所だ。ウキ釣りのほか投げ釣りも可能だけれど、サビかずに、待ち釣りで根掛かりを防ぐ。また胴網海岸から横堀海岸の間の磯❺は、全体的に磯際より2m先から深くなっていて、その際をウキ釣りで流す。

　それから小網代湾は、三浦半島屈指のボート釣り場でもある。本命ポイントは、沖にある定置網跡周辺❻で、目印にブイが1個残されている。水深は20～30m。マダイ、カンパチ、イシダイ、シマアジ、イナダ、アジ、カワハギなど、コマセ釣りをしているとさまざまな魚がヒットする。

地図ラベル:
- 小網代湾
- 胴網海岸
- 横堀海岸 油壺釣船組合
- 荒井浜
- 観光船船着き場
- 諸磯崎
- 浜諸磯

2003 / 1 / 31

もちろん、ヒラメやマゴチもいる。あと、三戸の沖❼にも数個のブイが設置されていて、そこでも同様の釣果が得られる。

❽はシロギスポイント。❾はクロダイ、回遊魚、メバル。❿はシケ気味の日の逃げ場で、シロギスやカカリのダンゴ釣りでクロダイを狙う人もいる。

上：駐車場下の磯。夏にはカイズの数釣りができるかも　右上：浜諸磯の港　右下：海洋深層水の露天風呂で日帰り入浴ができる観潮荘

油壺釣船組合　TEL：0468-81-2873

営業時間／通常期8：00～15：00、夏場7：30～15：30（定休日特になし）
※横堀海岸にある貸しボート。ボートは手漕ぎのみ。ボートレンタル料　2人乗り1隻　3,500円/1日。ジャリメやアミコマセ、オキアミ等と簡単な仕掛け等販売

コメント　「油壺マリンパーク」は年中無休。海の生物やショーを見たり、触れたりできる。また釣り場も多彩で、海岸の景観も美しく、海水浴だけでなく磯遊びなども楽しめる。家族でぜひ遊びに行きたい。

三浦半島　油壺＆諸磯

エリア❷ 三浦半島

磯も護岸も三浦半島で人気ピカイチ。
護岸ならファミリーもオーケー
城ヶ島西 じょうがしまにし

場所限定

■ ファミリー度 …… ❹
■ 大漁度 ………… ❹
■ 耐風波度 ……… ❸

水平線が丸く見える長津呂の四畳半

ホテル下の磯

DATA

アクセス
◇車／東名高速横浜IC〜横横道路衣笠IC〜三浦縦貫道〜R134城ヶ島入り口交差点を左折し城ヶ島大橋を渡って島内へ
◇電車・バス／京急三崎口駅からバス「城ヶ島」下車

駐車場&トイレ
城ヶ島大橋を渡ってすぐに有料の城ヶ島駐車場(8:00〜17:00、4〜9月〜19:00、420円/1回)があるほか、島内に無料駐車場が3カ所あり。トイレは駐車場、観光船乗り場、および城ヶ島公園内に数カ所あり

トイレや売店もあって便利な駐車場

飲食店・氷
駐車場に売店があるほか、周辺に食堂やみやげ物店等多数。コンビニや、弁当屋もあり。氷は、いけのや釣具で手に入る

周辺情報
海鵜が見られる展望台や灯台をはじめ、島内には美しい景色や自然を楽しめるスポットが多数。城ヶ島周遊の観光船は、周遊、油壺行きともに大人1,300円、子供650円。また「城ヶ島京急ホテル」では、日帰り入浴(11:00〜18:00、大人1,000円、子供500円)のほか、食事と入浴に個室での休憩をセットにしたプラン(3,000円〜)あり

　超有名な観光スポットの城ヶ島は、釣り場としても有名だ。特に西側の釣り場はメジャーで、釣具店や駐車場、トイレが近いお手軽ポイント。それだけでなく、外洋に面した潮通しの良い灯台下周辺の磯は、磯際から深くて、イシダイからコッパメジナまでゲレンデのキャパは無限大だ。それぞれ好きな釣りをエンジョイしよう。

　まずバス終点の右側にある漁連前の護岸❶は、足場が良くてファミリーに最適。チョイ投げからサビキ、ルアー、ウキ釣り、エギング、ダンゴ釣りといろいろな釣りができる。もちろん夜釣りもラクラク。ただし、大型船が係留しているときは釣りができない。そんなときは左端にある小突堤❷がオススメ。ただ先端には2〜3人しか入れないから、先釣者がいたらダメだけどね。ここからカゴ釣りをすると、マダイがヒットすることも。

　この先は磯釣り場。まず最初は灘ヶ崎❸。ポイントは先端の両側で、クロダイを狙うなら居島新堤との間にある根を探る。ただし小舟の往来が多くて釣りにならないときもある。

　次はパイプの磯❹。ポイントは先端の手前右側。その次がホテル下の磯❺。先端右側にあるハエ根の先をウキ釣りで。またアジやイナダなどが回遊しているときは、先端からカゴ釣りを。

　灯台下周辺の磯は広くて、釣りばかりでなく、磯遊びや遊覧船を楽しむ人たちでにぎわう。しかし、この先の磯は、ウネリのある日は波をかぶるので要注意だ。

鹿島新堤

2003 / 1 / 31

　大きなワンドをはさんで、ホテル側にある長津呂の鼻の四畳半❻。対岸の長津呂崎の猪の子前❼、高磯❽、ヒナダン❾、イッセノカド❿、西の入り⓫など、上級者向きポイントが連なる。もちろんワンドの中では、手軽なノベザオを使ったウキ釣りで、コッパメジナなどと戯れるのも可能だが、ライフジャケットなどの装備は怠りなく。

上：漁連前護岸
右上：漁連前護岸の小突堤
右下：❷のスロープから❶を見たところ

いけのや釣具　TEL：046-882-5968

営業時間／8：30～19：00
（水曜定休）
※釣り場から徒歩10～15分

コメント　観光名所の城ヶ島だけあって、付近の遊び場には困らない。おいしいものを食べ、観光して、さらに釣りも一緒に行く人の顔ぶれや腕前に応じていろいろなシチュエーションで楽しめる、欲張りエリア。

三浦半島｜城ヶ島西

エリア② 三浦半島

西側よりも若干マイナーだけど釣果はコッチの方が上か。堤防ではイシダイも
城ヶ島東 じょうがしまひがし

■ ファミリー度 …… 3
■ 大漁度 …………… 4
■ 耐風波度 ………… 3

足場が良くて立地条件も最高。ファミリーからベテランまで楽しめる黒島堤防

水ッ垂れの磯

DATA

アクセス
◇車／東名高速横浜IC〜横横道路衣笠IC〜三浦縦貫道〜R134城ヶ島入り口交差点を左折し城ヶ島大橋を渡って島内へ
◇電車・バス／京急三崎口駅からバス「白秋碑前」下車

駐車場&トイレ
城ヶ島大橋を渡ってすぐに有料の城ヶ島駐車場（8：00〜17：00、4〜9月〜19：00、420円/1回）があるほか、島内に無料駐車場が3カ所あり。トイレは駐車場、観光船乗り場、および城ヶ島公園内に数カ所あり

飲食店・氷
駐車場に売店があるほか、周辺に食堂やみやげ物店等多数。コンビニや、ほか弁などもあり。氷は、いけのや釣具で手に入る

周辺情報
海鵜が観られる展望台や灯台をはじめ、島内には美しい景色や自然を楽しめるスポットが多数。城ヶ島周遊の観光船は、周遊、油壺行きともに大人1,300円、子供650円。また「城ヶ島京急ホテル」では、日帰り入浴（11：00〜18：00、大人1,000円、子供500円）のほか、食事と入浴に個室での休憩をセットにしたプラン（3,000円〜）あり

釣り場の磯からほど近い、日帰り入浴もできる「城ヶ島京急ホテル」

　城ヶ島東岸で気軽に釣るなら黒島堤防がいい。堤防の一番先端には渡船を利用しないと行けないが、その手前❶でも十分な釣果は期待できる。サビキ釣りはもちろん、ウキ釣り、投げ釣り、ルアー、なんでもござれだ。なかでもオススメは投げ釣り。ターゲットはシロギスにカレイ。また生きエサでのブッコミ釣りなら、ヒラメ、マゴチも夢じゃない。ほかにもアオリイカやマダコも狙えるのだ。ただし、頭上に電線が通っているので絡ませないよう注意すること。

　堤防の中ごろではウキ釣りに投げ釣り。また夏にはイシダイ師の姿もみられる。

　ほかにも三崎港側に、水産試験場脇の護岸❷や観光船乗り場向かいの小突堤❸など、足場のよい釣り場があり、夜釣りも可能。夜にはシマイサキやアナゴ、メバル、スズキなどが釣れる。

　そして東端の安房崎には、有力な釣り場が連続する。黒磯堤防の船溜まりから、最初にあるのが水ッ垂れの磯❹で、湾曲した高い磯の中央がポイント。根の先の深みを探るのがコツだ。次にある潮見の磯❺は、コンクリート柱が目印。比較的足場が良くてビギナーも大丈夫。

　そして安房埼灯台下の南側で外洋に面している磯は、オネカマ❻、ナカノミゾッカワ❼など、各所に名ポイントがある。しかしこの辺の磯は、波をかぶりやすく、足場も悪いので上級者向き。なかでもナカノミゾッカワは、磯の足元がえぐられていて多くの魚が居着いている好場所。

黒島堤防

2003/1/31

　良いサラシの出る好条件の日に釣行したい場所だ。
　さらに、城ヶ島南部の真ん中にある赤羽崎❽は駐車場から遠く、なかなかそこまで行く釣り人は少ない。しかも2～3人が定員ときているから、一生懸命に歩いていっても先釣者がいればアウト。それでもクロダイの実績は高く、見逃せない。先端にあるハナレの磯の両脇がポイントで、ウキ下を3mにして5～6m沖を流せば、クロダイが入れパク!?
　最後に、城ヶ島ではサナギエサの使用が禁止されているので念のため。

黒島堤防の磯　　　黒島堤防

いけのや釣具　　TEL：046-882-5968

営業時間／8：30～19：00
（水曜定休）
※釣り場から徒歩10～15分

コメント　城ヶ島には観光スポットがいろいろある。特に東側は展望台や公園などがあり、家族やカップルで出かけても楽しい。もちろん釣りも本格的に楽しめる人気スポット。充実した一日がすごせるはず。

三浦半島｜城ヶ島東

エリア② 三浦半島

マジな磯釣りができる磯が続く。
ファミリーは湾内の堤防で

宮川〜盗人狩
みやがわ〜ぬすっとがり

■ ファミリー度 …… ③
■ 大漁度 …………… ⑤
■ 耐風波度 ………… ②

岩場の先に見えるのがヤギ島。ただし、渡船利用

観音山下の磯

DATA

アクセス
◇車／東名高速横浜IC〜横横道路衣笠IC〜三浦縦貫道〜R134城ヶ島入り口交差点を左折〜城ヶ島大橋手前を左折し宮川町バス停を右折して細い海岸への道を下りる
◇電車・バス／京急三浦海岸駅から剣崎経由三崎東岡行きバス「宮川町」下車、徒歩3分

駐車場&トイレ
宮川フィッシャリーナ入口に有料駐車場あり(24h、土日祝日1,000円/1日、平日500円/1日)。その近くにトイレもある

釣り場の堤防近くにあるトイレ。広くてきれい

飲食店・氷
まるよし食堂で簡単な食事ができるほか、飲み物、氷などが手に入る。また港へ下りる坂の手前には酒屋がある

周辺情報
釣り場までの海沿いのハイキングコースは、小さな入江や砂浜、磯など、変化に富んでいる。入り組んでいて浅く、静かな海には、小魚やカニもたくさん見られる。子供といっしょに海遊びをするにはうってつけ

宮川港内の釣り場は港の出入口にある小突堤❶。駐車場やトイレが近くにあるファミリー向きの釣り場だ。も

ちろん堤防だから足場は安心。先端の左側はカクレ根の際をウキ釣りで水深は3.5〜4.5m。もともと根の上に設置された堤防なので、条件はグッド。また内側の海底には目立った根はなく、投げ釣りも可能。チョイ投げでハゼ、シロギス、メゴチなどと戯れるのもいい。ただ、船道に仕掛けを投げるときは、船の航行に注意したい。ほかにはサビキ釣りでウミタナゴ、小メジナ、メバル、カワハギなども。

宮川湾の南角にあるのが観音山下の磯❷。超有望ポイントで、春秋のクロダイに冬のメジナと、良型を狙える。磯は扇形に広がりほぼ全体がポイントで、磯際の水深は3〜5m。一番人気は中央付近にある足場の良い出っ張り。良型のメジナはもちろん、メバル、カサゴ狙いのルアーもオススメ。この周辺は南向きなので、南風が強いときは波が這い上がることもあり要注意。その分冬は暖かく釣りができる、ありがたい釣り場になる。

それからヤギ島手前の磯❸は、潮裏の穏やかな場所で、島の両脇がポイント。大物はめったにヒットしないが、サビキ釣りでアジ、イワシにルアーのカサゴ、メバルが狙い目。ちなみに、ヤギ島へは渡船利用で。

人気の盗人狩❹は、磯際から10〜15mの水深があり、潮通しバツグン。春のサヨリから夏のイシダイと秋の回遊魚まで、四季を通じてターゲットは豊富である。カワハギは、磯ザオにドウヅキのカワハギ仕掛けの組み合わせで。また秋にジギングをすればイナダなどの回遊魚のほか、カサゴなどの根魚もヒットする。

地図ラベル:
- まるよし食堂
- 宮川港
- 桶島
- 観音山
- ヤギ島
- 盗人狩
- 毘沙門港

2002/7/9

　さらに毘沙門港側でも釣りができる。渓流ザオでの簡単ウキ釣りが手軽で楽しい。釣り物は、ウミタナゴ、チンチン、小メジナなど。あるいはチョイ投げ釣りでハゼ、カレイ、シロギスも釣れる。遠投の必要はないので、振り出しのコンパクトロッドやトラウトロッドのような軟らかいサオでアタリとヒキを楽しむ。

まるよし食堂
TEL：0468-82-3579

営業時間／7:30〜18:30
（年中無休）
※釣り場から徒歩3〜10分。
（夏場は冷凍エサのみでイソメ類はなし）

宮川堤防。トイレ、駐車場も近くて足場も万全

コメント　少々わかりづらい場所のせいか、風光明媚で穴場的な釣り場。釣り場の磯までの海沿いの道はハイキングロードにもなっていて、美しい景色と、小さい子供連れでも安心して遊べる静かな磯が続いている。

三浦半島　宮川〜盗人狩

エリア② 三浦半島

三浦半島の東端で、東京湾口に位置する人気スポット。
ファミリーでも大丈夫

高磯、剣崎、大浦 たかいそ、つるぎさき、おおうら

■ファミリー度……3
■大漁度……………4
■耐風波度…………3

大浦海岸。夏は海水浴場になりBBQもオーケー。本格投げ釣りの穴場だ

灯台下の磯(平島の磯)

DATA

アクセス
◇車／東名高速横浜IC〜横横道路衣笠IC〜三浦縦貫道〜R134松輪入り口交差点を左折〜松輪海岸バス停の先を右折(→松輪)、剣崎のバス停の先を右折(→剣崎)し、さらに大浦海岸バス停を右折(→大浦)する
◇電車・バス／京急三浦海岸駅から剣崎経由三崎東岡行きバス「松輪海岸」(→高磯)、「剣崎」(→剣崎)、「大浦海岸」(→大浦)下車

駐車場&トイレ
剣崎の駐車場は釣り場から3〜10分で、通常期1,000円/1日、夏2,000円/1日。また大浦周辺の駐車場は釣り場から5〜20分で、駐車料金は時価だが、だいたい700円/1回くらい

松輪漁港の江奈ビレッジ。エサ、仕掛けからみやげ物等まで手に入る

飲食店・氷
周辺に食べ物屋やコンビニなどがほとんどないので、必要なものは事前に準備しておいた方がよい。氷は吉田商店で手に入る

周辺情報
「剱埼灯台」や「大浦洞窟」など

まず、江奈湾の東角に突き出ている高磯。比較的足場の良い広い磯で、ビギナーにも手ごろで磯釣りデビューの場所に最適。ただし、ライフジャケットなどの装備は完璧にね。

江奈ビレッジに一番近い石柱が目印のポイント❶は、クロダイから小物までカバーする万能釣り場。ワンド両側のハエ根先端は一級ポイントだが波をかぶることもあるので注意。ファミリーはハエ根の付け根付近で。❷が高磯でクロダイの本命ポイントだ。数人はサオが出せるハエ根で、足元から江奈寄りにあるカクレ根の縁を流す。❸は左から右に流れる潮どきがチャンス。また、先端中央部でサラシが出ていればメジナ狙い。5mほど先にあるカクレ根との間を釣る。

次に剱埼灯台下の磯。トイレ下の❹は背後に夫婦岩があり冬でも暖かい。❺はベット島の磯と呼ばれる有望ポイント。3mほどのタナでクロダイ、メジナはもとより、カワハギ、メバル、アジなども釣れる。そして、人気の高い❻は平島の磯。先端の左右ともに好ポイントだが左角が本命。タナは2〜3m。また、❼は足場が良くてファミリー向け。メインは簡単ウキ釣りでの小物釣りだが、アジが回遊しているときはカゴ釣りで。また、夕マヅメからの半夜釣りでは型の良いアジが釣れる。電子ウキの1本バリ仕掛けで1匹ずつていねいに釣ろう。

両脇を小磯に囲まれた大浦海岸❽は、以前は交通不便なエリアだったが周年営業の駐車場ができて、ずいぶん便利になった。根ばかりの海岸なので投げ釣りに

松輪漁港
江奈ビレッジ
江奈湾
間口漁港
釼埼灯台

2003 / 1 / 31

は不向きと思われがちだが、実は投げ釣りの穴場だ。砂浜の中央より少し南寄りで投げ釣りをすると、根掛かりが少ない。ほかの場所は50ｍから手前は岩礁地帯なので、4色（1色＝25ｍ）以上投げて2色近くまでサビいて後は一気に仕掛けを回収する。春から秋にかけては根周りのジャンボギスに秋からはカレイ。時折、アイナメが強烈なアタリで釣り人を驚かせてくれる。

吉田商店　TEL：0468-86-1922
営業時間／6：00～20：00
（定休日特になし）
※釣り場から徒歩10分

間口漁港と灯台下の磯

コメント 磯、断崖と砂浜が混在する変化に富んだ海岸線に、ぎりぎりまで緑が迫る自然豊かなエリア。魚種も豊富で、釣りのほかにも磯遊びやシュノーケリングなど、海や自然に触れる楽しさを満喫できる。

三浦半島 高磯、剣崎、大浦

エリア② 三浦半島

ボート釣りのサンクチュアリ。
見た目よりも奥が深い釣り場

金田海岸 かねだかいがん

■ ファミリー度 …… ④
■ 大漁度 ………… ④
■ 耐風波度 ……… ③

ハイシーズンにはたくさんのボートでにぎわう金田海岸

DATA

アクセス
◇車／東名高速横浜IC〜横横道路佐原IC〜R134三崎方面で三浦海岸交差点を剣崎方面へ3km、金田漁港のすぐ手前に看板あり
◇電車・バス／京急三浦海岸駅から剣崎行きまたは剣崎経由三崎東岡行きバス「京急かねだ荘前」下車、徒歩1分

駐車場&トイレ
ボートレンタル客専用Pあり。ボート1隻につき車1台無料、2台目以降500円/1日。トイレも店の裏手にある

飲食店・氷
軽食、簡単な食べ物が手に入るくらいの店はちょっと歩くとあるが、必要なものは国道沿いのコンビニ等で買っておいた方が無難。また飲み物や氷（100円/約1kg）は浜浦で手に入る

周辺情報
夏は海水浴が楽しめる

　ここでは、金田港が釣り禁止のため、サーフキャスティングかボート釣りがメインになる。ただ、ボート乗り場近くでの投げ釣りは危険。ボートが少ない三浦海岸寄りが安心だが、海岸線と平行に根があるので遠投力が必要だ。
　シロギス狙いなら4色以上の遠投をして、根の先をサビいて、根は一気にリーリングしてかわす。仕掛けは2〜3本バリの短いもので。一方、カレイ、アイナメ狙いなら沖側の根際に仕掛けを投入して待ち釣り。エサを多めにタップリとハリ付けするのがコツだ。どちらにせよ中・上級者向きかな。
　よって、ファミリーで楽しむならやはりボート釣りがイチオシ。女性2人で訪れる人もいるくらいだから、ビギナーも安心。まずは入門コースのシロギス釣りからトライ。「つりの浜浦」では簡単な釣り場イラストをくれるので、それを安全と爆釣の参考にしよう。釣り禁止区域などのローカルルールもあるので、初めての人は要チェック。
　初夏と秋口の盛期ならボート乗り場前の浅場❶でもバリバリヒットするので、朝イチに流してみよう。本命ポイントは❷。もちろん、お約束のマゴチもダメモトで狙ってみる価値はある。それと、マゴチとアイナメなどを専門にアタックするなら❸がオススメです。
　また、9月末からは名物のイイダコがよく外道に交じる。数が多いようならテンヤで専門に小突いてみよう。当然、流し釣りが有利。余裕のある流し釣りをしたいのなら、風の弱い日に釣行すること。ちなみに、開幕当初は深場のシロギスかカレイを本命に。タックルは同じで仕掛け

を替えるだけでいい。エサも初期のシロギスは型ぞろいなので、カレイと同じアオイソメでOK。

　ボート釣りの釣期は3月下旬から11月まで。ただし、11月は土日祝日のみの営業になる。

つりの浜浦　TEL:046-888-0597

営業時間／店舗　5:00〜17:00（年中無休）　ボート営業　6:30〜15:00（受付6:00〜、シーズン中無休）
※金田浜の貸しボート。3月下旬から11月までの営業。手漕ぎのみ。ボートの他、エサ、仕掛け、釣り道具や飲み物等販売。ボートレンタル料　平日1人乗り3,500円/1日、2人乗り4,000円/1日、休日1人乗り4,300円、2人乗り4,700円

ボートの数とサービスが充実している「つりの浜浦」

コメント　ボート釣りならビギナーからベテランまで、周年さまざまな魚種が楽しめる。付近には海水浴場以外にはあまり遊び場もないが、東京方面に車で帰るなら、三浦海岸をはじめにぎやかなエリアを通る。

三浦半島｜金田海岸

エリア❷ 三浦半島

駅が近く駐車場もあるお手軽釣り場。
広いゲレンデは休日でもスキスキ

野比 のび

夏・土日限定

- ファミリー度 …… 4
- 大漁度 ………… 3
- 耐風波度 ……… 3

野比海岸。海水浴場じゃないから夏でもゆったり

病院下のポイント。駐車場と駅から遠いため、場荒れが少ない

DATA

アクセス
◇車／東名高速横浜IC〜横横道路佐原IC右折15分
◇電車・バス／京急YRP野比駅から徒歩5分　京急YRP野比駅からバス「国立久里浜病院入口」

駐車場&トイレ
北下浦海岸通にある有料駐車場は、7〜8月のみ毎日営業（6：00〜18：00）していて400円/1h、それ以外のシーズンは600円/1回だが、土日祝日のみの営業（8：00〜17：00）なので注意。トイレは野比海岸の遊歩道にあり

北下浦海岸通にある駐車場。オフシーズンの平日は閉まってしまうので注意

飲食店・氷
野比海岸近くにコンビニがあるほか、駅周辺にスーパーやコンビニ多数。海岸通沿いに三浦方面へ向かえば、飲食店やファミレスには事欠かない。氷はコンビニで買えるほか、フィッシングショップさくらいでも手に入る（100円/1.4kg）

周辺情報
夏は海水浴が楽しめる

　金田湾には南から金田、高抜、琴音、三浦、津久井、長沢、野比とそれぞれ特徴のある海岸が続く。なかでも野比から三浦の間は駅から近くて、少しずつポイントを変えて釣果を伸ばすシロギスハンターに重宝なフィールドだ。特に野比は、駅からの途中に釣具店があり、トイレと駐車場の設備もあるのでファミリー向き。しかも海水浴場ではないので、夏でもゆったり。ただ風のある日はウインドサーファーがところどころに出没するので、トラブルのないように。

　野比海岸は久里浜寄りに行くほどカクレ根が多く、病院下のポイント❶は根周りのジャンボギスの期待大。道路から見ると根の位置が分かるので、根の切れ目を狙ってキャストする。それから、ほかの海岸よりも波打ち際から深くて、初夏から秋の水温の高い時期には、波打ち際から20〜30m先でもシロギスやイシモチなどの魚がヒットする。この時ならチョイ投げでも、いい釣りができるハズ。投げ釣りデビューにうってつけだ。

　本命は、春からのシロギスと晩秋からのカレイとアイナメ。最近はカレイが好釣傾向。大きめのエサにアピール度の高いハデハデ仕掛けでの待ち釣りがセオリー。しかし、冬でもフグなどのエサ取りがいるので長時間の放置は逆効果。時間を見計らってエサのチェックをすること。

　一番人気は公園近くにある野比川の東20〜30m❷。ここは根掛かりが少なく、じっくりとサビくことが可能。もちろん、ターゲットはシロギス。ほかには趣のある夜の

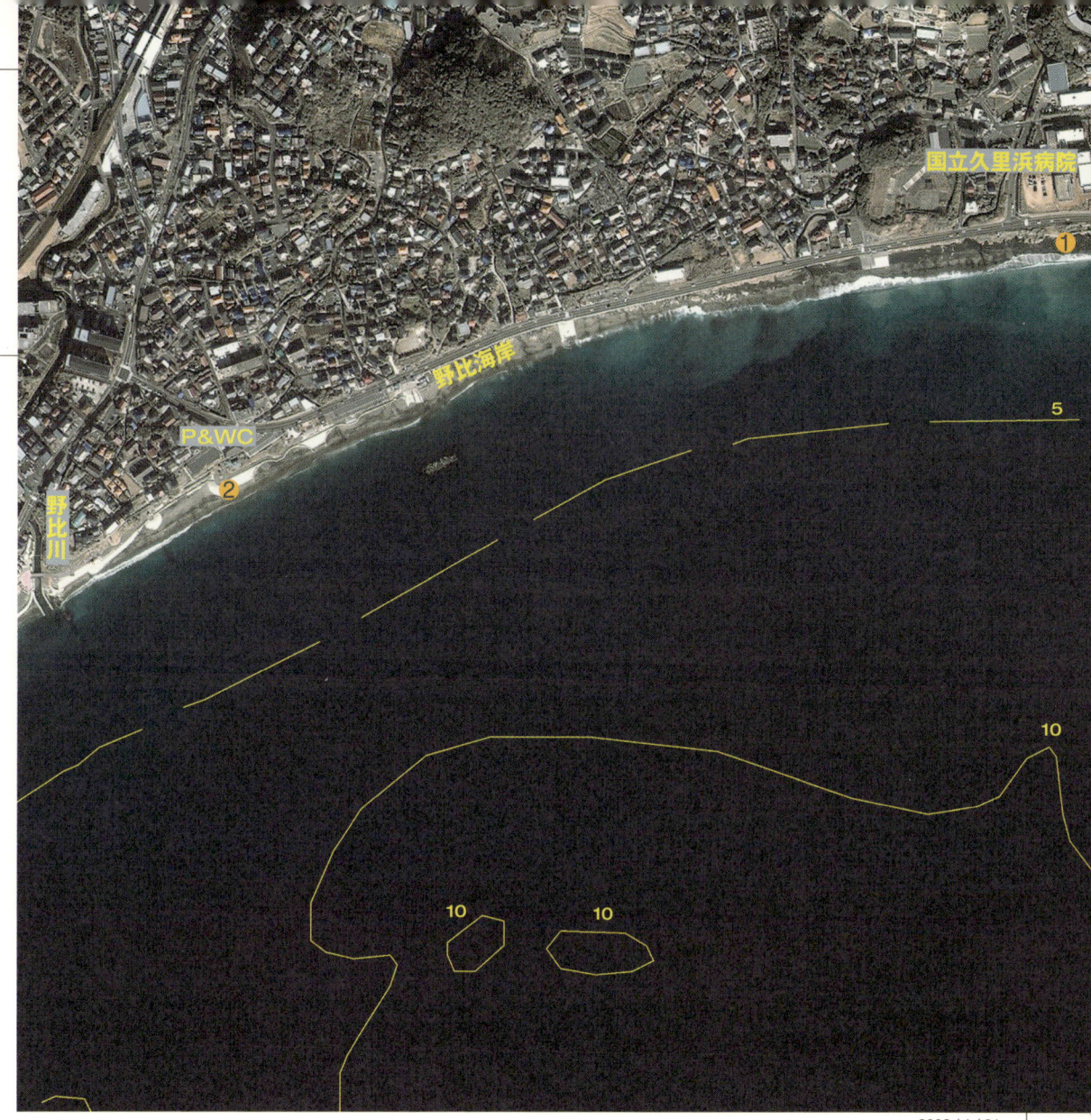

国立久里浜病院
野比海岸
P&WC
野比川

2003 / 1 / 31

メバル釣りがオススメ。釣り方はマニアックだけれど、ブリッジ仕掛けで。数を望むならば夏よりも、群れで接岸する春先が好機。寒いけれど入れ食いになるかも。夏の夜釣りなら投げ釣りのイシモチとアナゴ。それに、フッコルアーも狙い目だ。

フィッシングショップさくらい TEL：046-847-3362
営業時間／3：00〜18：00（火曜定休）　※釣り場から10〜30分

国立久里浜病院のバス停。野比海岸の病院下のポイントへの交通手段

コメント 駅から近い長い砂浜、小さな磯…。にぎやかな三浦エリアからほど近くにありながら、野比は夏でもさほど混まない穴場的な釣り場。ただし夏場以外は土日祝しか駐車場がないので注意。

三浦半島　野比

エリア② 三浦半島

フェリー港として有名。
市街地にある釣り場だから何かと便利だ
久里浜港 くりはまこう

■ ファミリー度 …… 5
■ 大漁度 ………… 4
■ 耐風波度 ……… 3

平作川河口の堤防。人気のポイントだが、濡れているところはすべるので注意

久里浜海岸。ほとんど波のない浜はボートの乗り降りも安心

DATA

アクセス
◇車／東名高速横浜IC～横横道路佐原IC左折15分～佐原交差点右折～大浜信号左折
◇電車・バス／JR久里浜駅または京急久里浜駅から野比海岸行きバス「ペリー記念碑前」または「久里浜海岸」下車すぐ

駐車場&トイレ
釣り場から10～30分のくりはま花の国第2駐車場（253台収容、6:00～20:30、600円/1回）利用。トイレは港内およびペリー上陸記念公園にあり

公営のくりはま花の国の駐車場。広いがシーズンによっては混むので注意

飲食店・氷
海岸沿いの道に食堂やコンビニあり。氷はコンビニや黒船釣具店で手に入る

周辺情報
「ペリー上陸記念公園」（資料館入場無料）、「くりはま花の国」（9:00～17:00または18:00、月曜定休、大人500円、小・中学生200円）等、公園も多い。夏は海水浴が楽しめる

　平作川の河口にある堤防❶は、オールシーズン釣りができる人気ポイント。クロダイの実績が高く、曇りのマヅメ時を狙い、潮が濁っていればヒット率が格段にアップ。上げ潮時ならなおさらグッド。堤防の先端部か砂浜側の中央付近にある溝を探る。水深は3～4m。チョイ投げなら、沖のテトラ近くか砂浜側に投げて、シロギス、カレイ、アイナメなど。堤防からの投げ釣りでは三脚型のサオ立てがあると便利だ。

　ほかに、釣れるのはウミタナゴや小メジナなどの小物だけれど、サビキ釣りもできる。また、釣った小魚をエサにしてブッコミ釣りをすればマゴチ、ヒラメ、スズキがヒットすることも。よって、夕マヅメから夜にかけてルアーフッコにチャレンジする人も多い。さらに、本格的にシーバスを狙うならやはり冬の夜だ。なお、対岸にある小突堤も見逃せないルアーポイントである。

　ボート乗り場の砂浜❷でも、投げ釣りでハゼ、カレイ、シロギス、チビダコなどを釣ることができる。ただし朝イチ勝負で。特に暑い時期は水遊びをする人が増えるので要注意。あたりまえだけれど、使った仕掛けなどを砂浜に捨てていかないように。

　それから、ボート釣りは時期により、シロギス、カレイ、アイナメ、アジ、イシモチなどが対象魚。ボート乗り場のすぐ沖でも初夏の早朝などは釣りになるが、本命は湾口近くの❸。春からのシロギス&マゴチに、夏からのアジとワカシなどの回遊魚。それに、晩秋からはカレイとアイナメが本格化する。

平作川

航路ブイ

黒船釣具店
久里浜海岸

フェリー発着所

2003 / 2 / 19

　久里浜での注意点はフェリー航路に設置してある航路ブイだ。航路の中は釣りはもちろん進入も禁止。ポイント❸まではかなりの迂回コースになるけど頑張って漕ごう。どこの釣り場でもそうだが、ルールを守らないと釣りができなくなる。これ以上釣り場を減らしたくないよね。

ボート釣りポイントの山ダテなどにも使われる、久里浜のランドマークの3本煙突

黒船釣具店　TEL：046-835-0372

営業時間／店舗　土日祝日 5：30〜、平日7：00〜（月曜定休）ボート営業　7：00〜15：00
※釣り場目の前。ボートは手漕ぎのみ。ボートレンタル料　2人乗り3,500円/1日

コメント　夏は海水浴場になるため、周辺は開けていて、トイレなどもある便利な釣り場だが、駐車場がちょっと遠い。せっかくなので花の国に立ち寄ってみては？彼女や奥さんから子供まで、結構楽しめる。

三浦半島　久里浜港

エリア❷ 三浦半島

ひなびた風情の港。
陸っぱりもいいけどボート釣りがオススメ
鴨居港 かもいこう

■ファミリー度……❸
■大漁度…………❹
■耐風波度………❸

観音堂の磯。春先のウミタナゴのポイント

手前の磯がタタラ浜。タタラ浜は、ウェーダーでの立ち込み釣りになる

DATA

アクセス
◇車／東名高速横浜IC〜横横道路佐原IC〜R134〜県道で浦賀経由、鴨居港
◇電車・バス／京急浦賀駅から観音崎行きまたはかもめ団地行きバス「鴨居」下車

駐車場&トイレ
タタラ浜に県営の駐車場（正月、7〜8月 8:00〜18:00、840円/1回、上記以外の土日7:00〜17:00、520円/1回、平日無料）あり。トイレはタタラ浜の公園のほか、駐車場にあり。また貸しボート利用の場合は専用Pあり（500円/1日）。トイレもカネハ釣餌店で借りられる

一帯が自然公園になっているため、周辺は駐車場もトイレも多くて便利

飲食店・氷
観音崎公園周辺にレストランや売店があるほか、近くにスーパーやコンビニもあり。氷はコンビニやカネハ釣餌店で手に入る

周辺情報
「観音崎自然博物館」（9:00〜17:00、月曜定休、7〜8月無休、大人400円、高校生300円、小中学生200円、幼児100円、4歳未満無料）など

　鴨居港で手軽に釣るなら観音堂の磯❶で小物釣り。メインは3〜4月のウミタナゴだ。しかし釣期が限定されているし、観音堂の磯はまだしも、その先のタタラ浜❷ではウェーダーを履いての立ち込み釣りになるので、とても手軽とはいえない。
　そこでオススメするのが、港内での投げ釣り。ただし、ボートや船が行き来するので日中はムリ。午後の遅い時間から、夕マヅメ過ぎまでがゴールデンタイム。そして狙いはカレイだから、冬がシーズン。暗くなるのも早いし、近くに駐車場もないので、のんびり午後から出かけてバスが運行しているうちに帰ろう。ちなみに、バス停はすぐそばにある。
　ポイントは港内の中央部から港口にかけて。左側の砂浜から投げてアタリを待つ。それから、港内の左寄りは、浅い上に根掛かり多発地帯で要注意。また港の真ん中にある流れ込みは、水量のあるちゃんとした川だ。大きな声では言えないが、夏にはウナギも釣れるゾ。
　ボート釣りは一年中何かしらの魚が釣れるが、冬のカレイ釣りがイチオシ。なぜならここは南向きで、冬でもお日様が出ていればポカポカと暖かく釣りができるのだ。ポイントは港を出てすぐのところに冬の間設置してあるワカメ棚周り❸で分かりやすい。そして数よりも型が望める。35cmクラスはあたりまえ、時には45cmを超すジャンボも顔を出す。それから夏から初冬にかけてマダイを狙うことも可能。ポイントは❹の根周り。鴨居のマダイなんて、ブランドじゃないですか。サイズは1〜2kg

ですがね。十分でしょ。

　もちろん、夏のシロギス＆マゴチと秋の回遊魚も忘れてはならないし、春先のメバルとクロダイも狙い目です。さらに、鴨居は観音崎の南だから東京湾外。ということは、マダコの禁漁区外。でも専門に狙う人を見たことがない。釣れないのか遠慮しているのか。

カネハ釣餌店　TEL：046-841-7404

営業時間／店舗　5：45〜17：00（年中無休）　ボート営業　5：45〜15：00（土日のみ、平日要予約）
※鴨居港にある貸しボート。ボートは手漕ぎのみ。ボートレンタル料　2人乗り3,500円/1日

電車で来る場合の拠点となる浦賀には、名所、見所もいろいろ。これは浦賀湾を行き来する市営の渡し船〈愛宕丸〉。呼び鈴を鳴らすとやってくる、市民の生活の足

コメント　トイレや駐車場も比較的近く、便利のよい釣り場。だが釣り場自体は足場が良いとはいえず、ファミリーやカップルならボート釣りの方がオススメ。ついでにのんびりと「観音崎公園」の散歩も。

2002 / 2 / 19

三浦半島　鴨居港

エリア2 三浦半島

横須賀市内から近い海の遊び場。
観光に磯遊び、BBQなど休日を思い切り楽しめる

観音崎周辺
かんのんざきしゅうへん

- ファミリー度……5
- 大漁度…………4
- 耐風波度………3

三軒家の磯

ホテル下の磯

DATA

アクセス
◇車／東名高速横浜IC〜横横道路佐原IC観音崎方面へ25分
◇電車・バス／京急馬堀海岸駅または浦賀駅からバスで終点「観音崎」下車。またはJR横須賀駅か京急横須賀中央駅から直通バスあり

駐車場&トイレ
観音崎園地のレストハウス周辺をはじめ、各所に県営駐車場(正月、7〜8月　8:00〜18:00、840円/1回、以外の土日7:00〜17:00、520円/1回、平日無料)あり。トイレは、レストハウス脇の駐車場にあるほか、公園内に数カ所あり

飲食店・氷
観音崎レストハウスをはじめ、京急観音崎ホテル内や観音崎自然博物館内などにレストランや売店あり。氷は横須賀釣餌センターで手に入る(ブロック、ロック各250円)

周辺情報
海水浴場をはじめ、灯台や公園など、自然を満喫できる見所多数。また観光ホテルやミニゴルフ、レストランなどの施設も整っている

　まず❶の堤防は、足場が良くてファミリー向きだ。ウキ釣りなら先端の右側にカクレ根があり、その際を探る。ほかにも投げ釣り、サビキ釣りどちらもOK。さらにアジが回遊しているときならカゴ釣りも有望だ。また、ブッコミ釣りではクロダイも。
　つぎに❷の三軒家の磯は、駐車場、バス停から一番近い磯で比較的足場も良く、ファミリーやグループでBBQや磯遊びを楽しむ人も多い。釣りをするなら先端付近でウキ釣り。その先の❸付近は、水際と平行にハナレ根が並ぶウミタナゴの好ポイント。満潮時が釣り時である。
　灯台下の磯❹は一番人気の釣り場。南端の角のハエ根は水深があり釣りやすい。本命はもちろんクロダイだ。また、根魚の魚影も濃く、ルアーや夜メバルもおもしろい。そして磯際より50m沖からは、根交じりの砂地になっているため投げ釣りも可能。根周りのポイントだからカレイ、アイナメ、シロギスなどの良型がヒットする。さらに夜の投げ釣りでマダイやクロダイも狙えるのだ。
　観音崎からは少し離れるが、❺のワンドでは両側にある小磯でのウキ釣りと投げ釣り。投げ釣りは沖の海底が砂地なので、磯から投げたほうが距離をかせげる。また砂浜ではBBQも楽しめる。炭や道具は真上にあるボート店で扱っているので便利。そのうえ道の反対側に駐車場とトイレがあり、ファミリーやデートにも最適です。
　一方ボート釣りは、初夏からのシロギスに晩秋からのカレイ。それに、冬はアジとメバルも釣れる。シケ気味の日や船酔いする人は、穏やかでボート乗り場から近い湾内の❻がいい。本命ポイントの❼よりは型、数ともに落ちるが、シロギスやカレイがポツポツとあたる。
　ナギの日やウデに覚えのある方はポイント❼で本格的に釣ろう。特にシロギスの流し釣りは、釣り場が広いのでじっくり流せるゾ。また冬ならホテル沖のワカメ棚周りも好釣り場。カレイのほかにアイナメも狙い目だ。
　なお、ベテランのなかには観音崎方面まで漕いでゆく人もいるが、わざわざ遠くに行かなくても近場で十分釣りになる。遠征はベテランにまかせておこう。

2002 / 2 / 19

観音崎の堤防。北側に壁が増設されて、いい風除けになった

わざわざ遠くへ行かなくても、近場で十分釣りが楽しめる、観音崎のボート釣り

なかねボート　TEL：0468-42-9938

営業時間／7：00～16：00
（定休日特になし）
※観音崎海水浴場北側にある貸しボート。下のビーチではBBQもオーケー。グッズのレンタルも。エサ、仕掛け販売。ボートは手漕ぎのみ。
ボートレンタル料　2人乗り4,000円/1日

横須賀釣餌センター 観音崎店　TEL：0468-44-1251

営業時間／週末24時間、平日4：00～18：00（年中無休）
※釣り場から1分。エサ、仕掛け、釣具等販売。貸しボートもやっている（手漕ぎのみ。2人乗り4,000円/1日）が、台数が少ないため要予約

コメント　ファミリーから上級者まで、また磯からボートまで、幅広い釣りが楽しめるエリア。「観音崎園地」には自然博物館や灯台などがあり、ファミリーでの釣りの後、のんびり散策するのにぴったり。

三浦半島　観音崎周辺

エリア2 三浦半島

砂浜の伊勢町海岸と磯の走水港、海岸線は北東向きで南西の波風には強い
走水 & 伊勢町海岸
はしりみず & いせちょうかいがん

- ファミリー度 ……3
- 大漁度 …………4
- 耐風波度 ………3

みうらボート店のボート釣り場となる伊勢町海岸沖

小泉釣具ボート店のボート乗り場

DATA

アクセス
◇車／小泉　東名高速横浜IC〜横横道路佐原IC〜観音崎方面へ約15分　みうらボート　東名高速横浜IC〜横横道路佐原IC〜観音崎方面へ20分
◇電車・バス／小泉　京急馬堀海岸から観音崎行きバス「走水上町」下車すぐ　みうらボート　京急馬堀海岸駅から観音崎行きバス「伊勢町」下車徒歩1分。またはJR横須賀駅か京急横須賀中央駅から直通バスあり

駐車場&トイレ
小泉　50台ほど駐車可能なPあり。一般2,000円/1日のところ、ボート釣りをする場合は500円/1日で停められる。トイレは走水港内か伊勢町海岸入口に　みうらボート　貸ボート専用Pあり。手漕ぎは車1台分、4人乗りボートは2台分、7、8人乗りボートは3台まで駐車料金無料。トイレは浜にあり。店のトイレも貸してもらえる

飲食店・氷
みうらボートでは飲み物やスナック、カップラーメンなど、簡単なものなら販売している。また走水港近くにコンビニあり。氷はコンビニのほか、各ボート店で手に入る

周辺情報
海水浴や磯遊びなどが楽しめるほか、灯台や公園など、自然を満喫できる見所多数

　横須賀から海伝いにクルマを走らせると、走水あたりからグッと緑が多くなる。特に旗山崎は水辺近くまで木が茂っていて、まさに海を育てる木々だ。その茂みの中には砲台跡があり、チョットしたタイムスリップ気分も味わえたりする。そして、岬の先端は貝殻で白く見える小さな浜❶があり、船道を目標に、投げ釣りでシロギス&カレイ。

　そこから走水港を挟んだ反対側にある伊勢山崎の磯❷は、なかなかロケーションのよい場所。ウキ釣りでクロダイ、メバルにウミタナゴなど。もちろん夜釣りも有望。それから、この磯からも船道狙いの投げ釣りができる。
　ボート釣りは、❸でシロギス。❹、❺はカレイ、アイナメ。❻はアジ&メバルとマダイが釣れる。❻の水深は20〜35mで、マダイの盛期は12月初旬。毎年2〜3kgのマダイが何枚か上がっている。枚数で考えると釣果が少ないように思われるが、専門に狙う人が少ないので、ちゃんと攻めれば結構いい確率だと思う（コマセダイは禁止）。また、もっと専門に狙う人が少ないのが、❶のすぐ沖の小磯が点在するポイントでのキューセン釣り。青くて大きなオスは刺身でグ〜。時期は8月で、赤いメスを数に入れれば入れ食い状態になる。水深は2〜3m前後だから、渓流ザオに中通しオモリの1本バリでよし。
　さて、伊勢町海岸は春には潮干狩り場にもなる人気エリア。釣りをするなら、砂浜の大津寄りの❼は、人が少なく、ゆっくり投げ釣りができる。それ以外はボート釣り。離岸堤の沖❽は、冬のワカメ棚がある時期以外は何の障害物もなく、のんびり流し釣りができる。そして、❾はシケ気味の日の逃げ場だ。海がシケれば魚も避難してくるから、こんな場所でも結構釣れる。さらに❿は根周りのポイントで、マダイ、クロダイ、アジ、メバルにスズキやイナダなども、時期により狙うことができる。
　ちなみに、走水&伊勢町のボート釣り場は東京湾内なのでタコは禁漁。テンヤの持ち込みも禁止されてい

棒島
旗山崎
走水港
みうらボート
小泉ボート
伊勢町海岸

2002/2/19

る。常にタックルケースにテンヤを準備しているような
ボートフリーカーは気を付けましょう。

伊勢町海岸、みう
らボートのボート
置き場。ここにも
あった免許不要
サイズのボート

みうらボート店　TEL：0468-41-5626

営業時間／5～9月 6：30～16：00、10～4月 7：00～16：00（第1、3金曜定休）
※伊勢町海岸の貸しボート。船外機ボート取り扱い（要予約＆ボート免許）。エサや仕掛けも販売している。ボートレンタル料　2人乗り手漕ぎ4,000円／1日、4人乗り船外機和船（18hp）12,000円／1日、8人乗り船外機和船（30hp）20,000円、7人乗り、6人乗りモーターボート（40、50hp）25,000円

小泉釣具ボート店　TEL：0468-42-0018

営業時間／5：00～15：00（第1、3金曜定休）
※走水港から出船する貸しボート。エサ、仕掛け、釣具等販売。ボートは手漕ぎのみ。ボートレンタル料　2人乗り4,000円／1日

コメント　自然のままの静かな遠浅の伊勢町海岸では潮干狩りもできる。走水付近は複雑な岩礁帯で、どちらも人気の釣り場。速潮で有名なエリアでベテラン向けだが、場所によっては子供連れでも安心して釣行できる。

三浦半島　走水＆伊勢町海岸

エリア❸ 東京湾奥

釣り公園に護岸とボート。
都市の釣り場だって負けてない

新安浦港～大津港 しんやすうらこう～おおつこう

■ファミリー度……❺
■大漁度…………❹
■耐風波度………❸

場所限定

**横須賀市立
海辺つり公園**
TEL：046-822-4022
営業時間／4～6月
7：00～20：00、7～10
月7：00～21：00、11
～3月8：00～19：00
※入場自由。売店等
はなし。展望台や木
製の大型アスレチッ
クがあり、家族みんな
で楽しめる。投げ釣
り、撒きエサ禁止。自
転車、バイク、ペット
連れの入園禁止、火
気厳禁

DATA

アクセス
◇車／大津港　横横道路横須賀IC～本町中山有料道路～R16
観音崎方面へ大津交差点の先左手　海辺つり公園　横横道路
横須賀IC～本町中山有料道路～R16横須賀方面へ
◇電車・バス／大津港　京急大津駅から徒歩5分　海辺つり公
園　京急堀ノ内駅より徒歩10分

駐車場＆トイレ
大津港内は駐
車場特になし。
港の堤防付近
に簡易トイレあ
り　海辺つり公
園P完備（24h、
96台収容、600
円/1日）。トイレ
は園内に2カ所
あり

広々とした駐車場を完備し、車で
も電車でも便利な海辺つり公園

飲食店・氷
大型ショッピングセンターやコンビニ、ファストフードからファミレ
ス、レストランまで、よりどりみどりの便利のいい釣り場。氷はコ
ンビニで手に入る

周辺情報
「海辺つり公園」は、家族で一日楽しむには最適。また横須賀方面
には公園や博物館、レストランなどいろいろあり。三笠桟橋からは
猿島行きの渡船（3/1～11/30毎日、冬は土日のみ運航。往復運
賃大人1,200円、子供600円）が就航。猿島までは10分くらい

　この周辺の釣り場で一番目につくのはやはり海辺つり
公園。なんといっても入場無料がうれしい。しかも、トイレ
はもとよりアスレチックや噴水などキレイで設備の整った

公園だから、釣りをしない家族を連れて行っても皆一緒
に楽しい時間を過ごせる。ただ、釣りに関しては投げ釣
りと寄せエサ釣りが禁止されており、若干の不満が残る。
　要するに、護岸際のウキ釣りとヘチ釣り、およびフカ
セ釣りしかできないのか。では、ルアーフィッシングは投
げ釣りではないのか？　あるいはアミコマセを、寄せエ
サとしてではなく付けエサにするトリックサビキはいい
のか？　なんて言いたくなるが、事故が起きて釣り禁止
にでもなったら元も子もないからルールは守りましょう。
　長い護岸の半分から北側❶は、沖が深くて釣りやす
い。クロダイのダンゴ釣りをする人も。逆に管理事務所
前❷は浅いのでブラクリかブラーでカサゴ、アイナメを
狙う。近くにある消波ブロックの際も好ポイント。また、
夏をすぎればアジの回遊も見られる。ウキが沖へ流れ
てくれればいい釣りになり、ワカシやソウダガツオが混じ
る年もある。
　海辺つり公園から大津港の間の護岸❸も好釣り場。
公園じゃないから投げ釣り、ウキ釣り、サビキ釣り、夜
釣りなど、なんでも自分の好きな釣りができる。
　ボート釣りは、新安浦港と大津港でボートを貸してく
れる。新安浦港は真沖の一帯が釣り場になる。アジは
ほぼ一年中釣れるし、夏のシロギスと冬のカレイがメイ
ン。あとスズキと、晩秋にはワラサもヒットする。どちら
もドウヅキ仕掛けの生きエサ釣りで狙う。
　一方、大津港の釣り場は港の真沖から馬堀海岸まで
の広いエリア❹。冬にはワカメ棚が海上一面に設置され

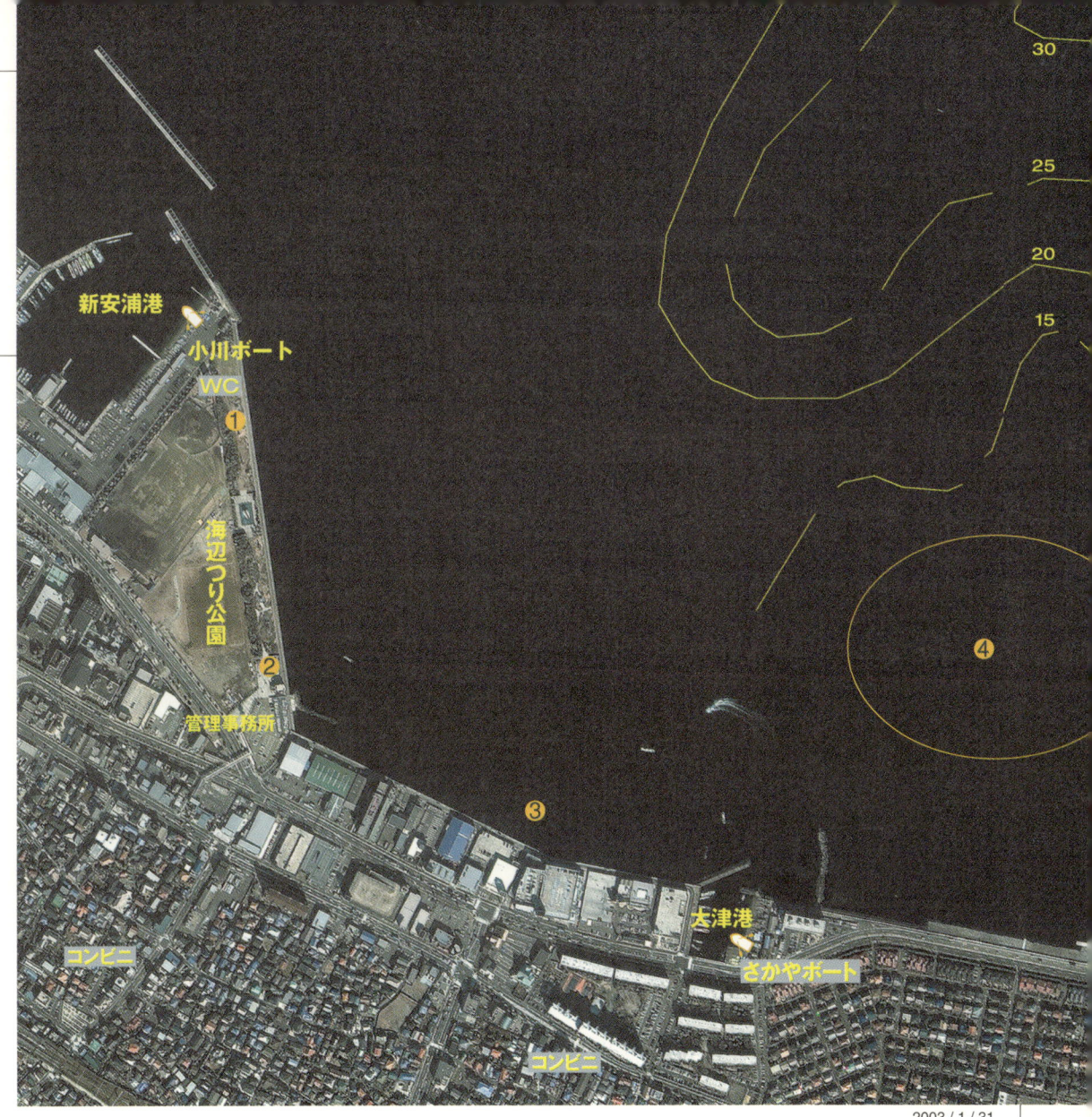

新安浦港
小川ボート
WC
❶
海辺つり公園
❷
管理事務所
❸
❹
コンビニ
大津港
さかやボート
コンビニ

2003 / 1 / 31

て、良い目標になる。ただし、ワカメ棚への係留は禁止されている。こちらも夏のシロギスと冬のカレイ。20年前までは大型イシモチが入れパクだったが、その後はまったく釣れなくなり、最近やっとポチポチ姿を見せるようになった。あと、真冬でもアジ＆メバルが半束（束＝100尾）も釣れる。対象魚が少ない冬にありがたいエリアです。

上：海辺つり公園以外の護岸も、使い勝手の良い好釣り場になっている
右上：公園にも隣接する足場のよい釣り場は、のんびりした休日を過ごす親子や家族連れも多く見られた
右：ウミタナゴかな？ 小魚ならいろいろと釣れるので、子供も飽きずに楽しめる

さかや貸ボート　TEL：0468-43-4326

営業時間／6：30～16：30
（第1・第3金曜定休）
※大津港から出船する貸しボート。エサ・仕掛け等販売。ボートは手漕ぎのみ。ボートレンタル料　2人乗り4,000円/1日。貸しボート＆エサ購入の場合は無料の専用Pあり

コメント　「海辺つり公園」は、広い芝生や遊び場があり、ピクニック気分で家族で釣りが楽しめる。すぐ近くでショッピングもできるし、設備が整っていてきれいなので、もちろんカップルにもお勧め。

東京湾奥｜新安浦港～大津港

エリア③ 東京湾奥

トイレ以外は何もない護岸だけれど立地条件は最高。
冬でもポカポカだぁ

福浦埋め立て地 ふくうらうめたてち

■ ファミリー度 …… ③
■ 大漁度 …………… ④
■ 耐風波度 ………… ④

福浦埋め立て地東面。海面近くに1mほどの張り出しがあるので長ザオ使用

DATA

アクセス
◇車／横横道路並木IC～R357八景島方面～柴町交差点左折
◇電車・バス／京急金沢八景駅からモノレール「市大医学部駅」下車徒歩1～5分

駐車場&トイレ
八景島シーパラダイスの有料P（1,000円/1日）、トイレは金沢緑道公園内に数カ所あり

飲食店・氷
緑道公園近くにコンビニあり。氷はコンビニで手に入る

周辺情報
「八景島シーパラダイス」（フリーパス大人4,900円、小・中学生4,500円、幼児2,000円、4歳未満無料）には、遊園地やレストラン、ショッピング街、マリーナなどのほか、アクアミュージアム（入場料大人2,450円、小・中学生1,400円、幼児700円、65歳以上2,000円）があり、たっぷり一日楽しめて、宿泊も可能

金沢区の福浦埋め立て地（金沢3号埋め立て地）の南面と東面には護岸沿いに海浜公園があり、多くの魚と釣り人が集まっている。

まず、東京湾に向いている東の護岸。細い通路に植え込みとトイレしかない緑道公園のような感じのところ。海側には約1.2mの高さの壁があり、サオ立てにちょうど良い。埋め立て地東面の両角には消波ブロックがあり、護岸上からは釣りにくい。それに、消波ブロックのない場所でも海面付近に1mの張り出しがある。これは干潮時には露出して確認できるが、満潮時には水没するので、護岸際の底を探りたいなら、護岸よりも1m先に仕掛けを下ろすこと。

場所柄、投げ釣りをする人が一番多いかも。できるだけ遠投してみよう。釣り物はシロギス、イシモチ、カレイ、アイナメなど。シロギスは100m以上の遠投力が必要になるが、カレイやイシモチの場合は至近距離でもヒットするので、きっちり足元までサビいてくること。それから、夜釣りではイシモチ、アナゴ、フッコ、カレイなど。なかでもアナゴのアタリが一番多い。ケミカル発光体を付けて専門に狙えばさらに釣果は増える。

ウキ釣りならクロダイ、ウミタナゴ、サヨリ、メバル、フッコなど。サヨリ以外は夜釣りのほうがアタリは頻繁。ポイントは両脇にある消波ブロック付近で。さらに、消波ブロック付近では根魚も豊富。ルアーを落とし込むには、ブラーもしくはエコジグに、2インチ程度のグラブをセットすれば根掛かりが少ない。または、ジグヘッドリグで水没ブロック上をギリギリにトレースさせるのもテクニックのひとつです。あとは、マゴチ狙いのブッコミ釣りもオススメ。

南面のほうは、投げ釣りのほかにカゴ釣りが大いに期待できる。メバルとカサゴをメインに、回遊していればアジも交じる。型はさほど大きくないが、数釣りを楽しめるポイントである。もちろんルアーも可。東面よりも消波ブロックが多いので、穴釣り風に攻めてみよう。あとはフッコルアー。やはり夜釣りに分がある。

近くに釣具店がないので十分な用意をしていこう。金沢八景駅近くに釣具店がある。

WC

東面

福浦海岸
バス停

横浜ヘリポート
立ち入り禁止

WC 南面

八景島シーパラダイス

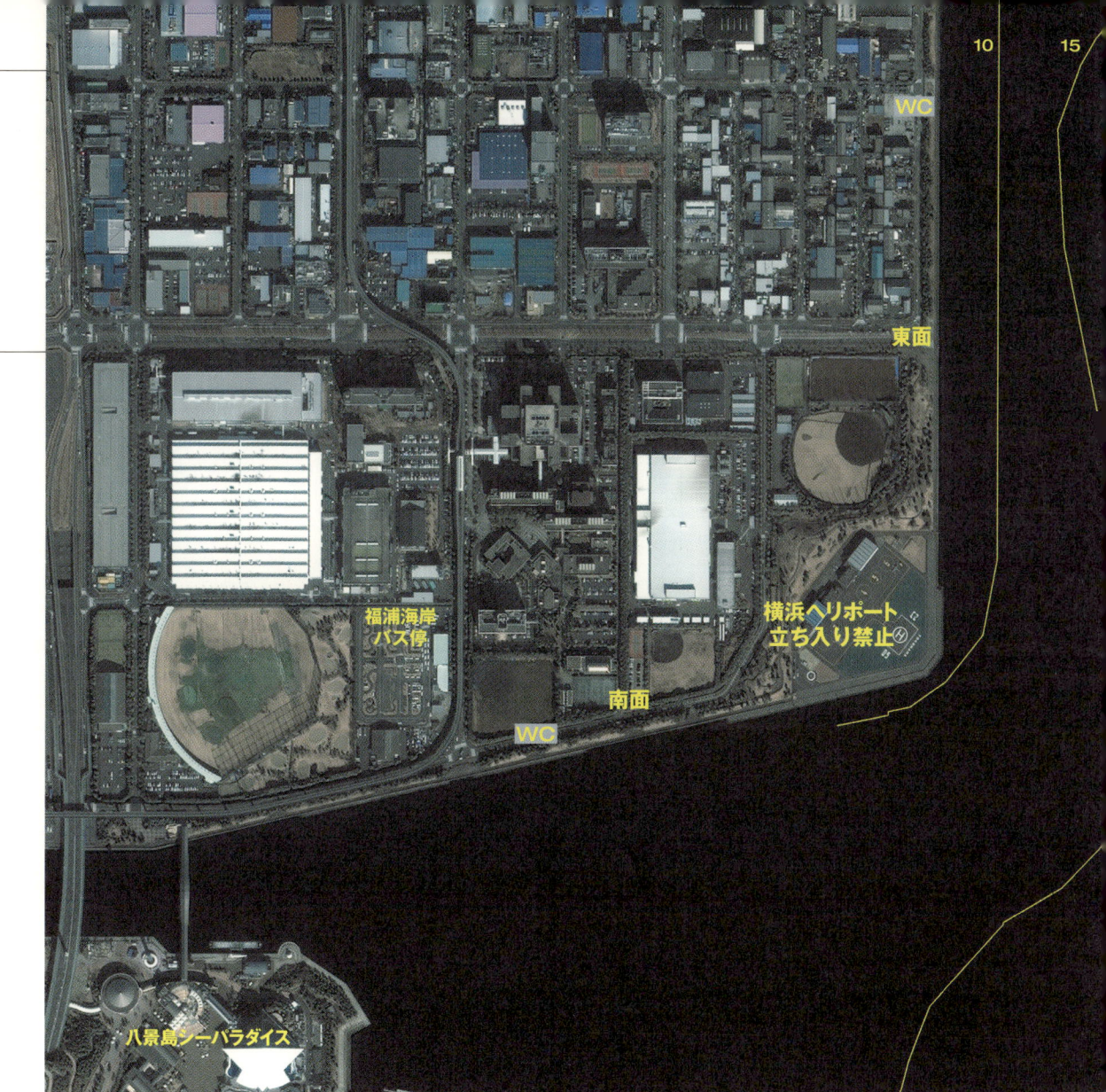

2003 / 1 / 31

メインの釣りは投げ釣りになる福浦埋め立て地東面。シロギスならできるだけ遠投。
カレイやイシモチは至近距離でもヒットするので、足元まできっちりサビくのがポイント

福浦埋め立て地南面。消波ブロックのない場所で釣ればラクチン

コメント 釣り場は広く、実力に合わせて好きな場所を選べば、気ままに自分のペースで釣りができる。緑の芝が広がる緑道公園も隣接。お弁当持参での、ピクニックがてらの釣りも楽しい。

東京湾奥 福浦埋め立て地

エリア❸ 東京湾奥

八景島シーパラダイスをバックにのんびりボート釣り。
カップルにうってつけ
八景島周辺 はっけいじましゅうへん

- ファミリー度 …… ❹
- 大漁度 ………… ❸
- 耐風波度 ……… ❹

「立入禁止」の看板があり、ちょっと入りづらい雰囲気の金沢漁港の入り口だが、相川ボート店へはここを入っていく

相川ボート店　TEL：045-781-8846

営業時間／7：00～15：30（木曜定休）
※金沢漁港内に店があり、野島運河から八景島湾の釣り場へと出船する貸しボート。船外機ボート取り扱い（要ボート免許）。エサ、仕掛けあり。ボートレンタル料　2人乗り手漕ぎ4,500円/1日、3人乗り船外機船12,000円/1日

DATA

アクセス
◇車／横横道路並木IC～R357八景島方面～柴町交差点左折
◇電車・バス／京急金沢八景駅からモノレール「野島公園駅」下車徒歩1～5分

駐車場&トイレ
ボートを借りる場合は専用の無料Pあり。トイレはボート店にもあるし、金沢緑道公園内に数カ所あり

飲食店・氷
ボート店周辺にはコンビニやスーパー多数あり。氷はボート店近くのスーパーで手に入る

周辺情報
「八景島シーパラダイス」には、遊園地（フリーパス大人4,900円、小・中学生4,500円、幼児2,000円、4歳未満無料）やレストラン、ショッピング街、マリーナなどのほか、アクアミュージアム（入場料大人2,450円、小・中学生1,400円、幼児700円、65歳以上2,000円）があり、たっぷり一日楽しめて、宿泊も可能。「海の公園」ではBBQも楽しめる

横浜市「海の公園」のバーベキュー場は有料（1,500円/1基～）、要予約。予約は専用電話にて（TEL：045-785-0259）

　八景島シーパラダイスに海の公園。急速に海のレジャーランド化した八景島周辺は、金沢シーサイドラインでフットワークもラクチン。しかし釣り禁止区域も多くて、陸っぱりの釣りは、夏のハゼが主役だ。釣り場は平潟湾一帯と野島公園。サオを出せる場所を探して釣り歩く。ハゼのタックルは軽便だからドンドン移動しよう。場所によって釣れ具合はかなり違うぞ。それから野島公園のシーパラダイス側では投げ釣りもできる。ただし、浅いのでシロギスやカレイを狙うには遠投力が必要になる。

　さて、八景で釣りをするなら、やっぱボート釣りでしょう。絶叫マシンの歓声を聞きながらボート釣りができるのはここだけだ。昼過ぎまで釣りをして、夕方からシーパラへ行くデートコースもいいと思うよ。

　まずポイント❶が本命で、シロギス、カレイ、アジなど。水深は7～8m。アジを釣るときは、群れを足止めする根などがないのでコマセワークが重要になる。コツは、切らさず撒きすぎず…です。仕掛けは網カゴのサビキで。浅いからシロギスタックルの流用でOK。

　次の❷はハゼポイント。夏は海の公園近くの浅場を流し、晩秋はシーパラダイス側の深みを探る。ちなみに、船着き場にあるブイの近くには、釣りはもとより接近も禁止です。

　最後のポイント❸では、カレイ＆アイナメを狙う。カレイは置きザオ、アイナメは誘ってみよう。それから、日産護岸の角から沖側と、運河からの航路は釣り禁止になっているので注意。

海の公園

八景島シーパラダイス

金沢漁港

相川ボート店

運河

野本ボート店

野島公園

日産護岸

平潟湾

2003 / 1 / 31

　あと、平潟湾内では夏～秋のハゼがメイン。金沢漁港からだと運河を通過しなくてはならないので、運河沿いにあるボート店を利用するとラクである。そして、年によって釣果の差は激しいが、ハゼと同じ時期にアジの回遊もある。型は小さいが、アタリ年なら束（束＝100尾）超えはあたりまえでハゼよりも釣れる。まずは、電話で釣況を聞いてからですよ。

野本ボート店　　TEL：045-781-8754

営業時間／7：00～15：00
（木曜定休）
※野島運河にある貸しボート。平潟湾へはこっちのボート店で。エサ、仕掛けあり。ボートは手漕ぎのみ。ボートレンタル料　1人乗り3,500円/1日、2人乗り4,500円/1日

ショッピングモールやレストラン街には入場料無料で入れる「八景島シーパラダイス」。彼女や家族が喜びそうな店がたくさんそろっている

コメント　カップルや子供連れなら、手軽なボート釣り＆シーパラのアクアミュージアム、なんていうコースもお勧め。陸っぱりは、釣り禁止、立ち入り禁止のエリアも多いので、注意が必要だ。

東京湾奥　八景島周辺

エリア❸ 東京湾奥

ちびっ子も安心な釣り施設。
駐車場がないからバスでね
磯子海づり施設
いそごうみづりしせつ

■ファミリー度 …… ⑤
■大漁度 …………… ④
■耐風波度 ………… ④

磯子海づり施設
TEL：045-761-1931
営業時間／7～8月8：00～19：00、3～6月、9～10月8：00～18：00、11～2月8：00～17：00（12/30～1/3休）
※釣り桟橋の長さ約500m、幅3m。利用料金大人500円、小・中学生300円、以下無料。見学大人100円、小・中学生50円

DATA

アクセス
◇車／首都高湾岸線磯子ICから10分
◇電車・バス／JR京浜東北・根岸線磯子駅から85系統市営バス「環境事務所前」下車

駐車場＆トイレ
Pなし。トイレは施設内にあり

施設内の売店にはコマセやエサまであるから安心。情報も教えてくれるゾ

飲食店・氷
施設内の売店で氷、仕掛けやエサ、飲み物、カップラーメンや焼きソバ程度の軽い食べ物は販売している。それ以外、周囲に店らしいものは何もないので、事前に準備しておいた方が無難

周辺情報
特になし

　根岸湾のほぼ中央、南部火力発電所のある突堤の角に、磯子海づり施設がある。釣り桟橋の全長は500mで、幅3m。途中で直角に曲がり、南と東を向いている。入り口側は南面で、冬も暖かく釣ることができる。大体釣り桟橋はどこも同じだけれど、足元は金網状になっている。小物などを落とさないようにレジャーシートを広げておくといいヨ。

　なお、桟橋から20m沖には5基の漁礁が設置され、魚を居着かせている。桟橋の上から見る限りではどこも同じように釣れそうだけれど、やはり場所による違いはある。人気ポイントは中央の角❶。ここは足元からきついカケアガリになっていて、水深があり、ウキ釣り、サビキ釣りに適している。獲物はクロダイ、シマダイ、アジ、イワシ、メバル、カサゴなど。釣り施設ではコマセ釣りが禁止されているところが多いが、ここではOK。売店でも売っているから、急にほかの釣りからコマセ釣りに転向したいときでもヘッチャラだ。

　そして、投げ釣りをするなら南面❷がイチオシ。桟橋の約100m沖から先は水深14mに掘り下げてある。幅3mの桟橋から遠投するのはチョイト難しいが、100m以上投げてカケアガリを狙おう。

　一方、東面❸では、遠投のほかに、20m先にある漁礁を意識してのチョイ投げが効果的。根掛かりばかりする場所があればそこが漁礁だから、その際を狙ってみよう。釣れるのはシロギス、アイナメ、カレイ、アナゴ、フッコなど。たまにタコが掛かることもあるので、根掛かりやゴミと間違えないように慎重にランディングする。

　夕マヅメは最大のチャンスタイム。日が傾き始めたら太目のハリスに変更しよう。投げ釣りの仕掛けにアナゴやフッコがアタックしてくるぞ。長いハリスの1本バリ仕掛

③
WC ①
管理棟 ②

2003 / 1 / 31

けでクロダイを狙うのもいい。エサはユムシ、イワイソメ、フクロイソメなど。ポイントは近いから磯ザオのほうがおもしろい。

休日ともなればサオが林立する釣り桟橋

上：設備が揃った磯子海づり施設は、カップルにもオススメ
右上：お盆前の、ちょっと風の強い日だったこの日、釣れていたのはメゴチ、ハゼ、イワシ、サッパなど。これから夕マヅメ時がチャンス
右：トイレも、小さいながらも売店も完備。駐車場さえあれば…

コメント　足場も良くて子供でも安心だが、釣り場は設備も最低限で、あまり小さい子供は居場所に困るかも。また、近くに何もないので、車で来られないというのは、釣り以外の何かをしようと思うとちょっと不便。

東京湾奥｜磯子海づり施設

エリア❸ 東京湾奥

大物を狙う猛者から小魚に戯れるキッズまで
底なしのキャパを持つ管理釣り場
本牧海づり施設
ほんもくうみづりしせつ

- ■ ファミリー度 …… ❺
- ■ 大漁度 ………… ❹
- ■ 耐風波度 ……… ❸

本牧海づり施設
TEL：045-623-6030
営業時間／4～10月6：00～19：00、11～3月7：00～17：00（12/30～1/3休）
※護岸釣り場500m、渡り桟橋100m、釣り桟橋300m。水深6～18m、おおむね平坦な砂地。夜間照明施設あり。サオ1人3本まで。ペット、酒類の持ち込み不可。子供用ライフジャケット無料貸し出し。釣具、エサの販売、貸しザオあり。利用料金大人900円、中学生450円、小学生300円。見学大人100円、小・中学生50円

DATA

アクセス
◇車／首都高湾岸線本牧埠頭IC左折し5分（D突堤方面に進んだ突き当たり）、または首都高狩場線新山下ICから8分（直進して本牧埠頭D突堤方面に進んだ突きあたり）
◇電車・バス／JR横浜駅東口から26系統市営バス「海づり桟橋」または「横浜港シンボルタワー（海づり桟橋）」下車、またはJR根岸駅から54系統市営バス「海づり桟橋」下車

駐車場＆トイレ
230台収容の専用Pあり（250円/3h、500円/1日）。管理事務所内にトイレ、休憩所等あり

夏には涼しく、冬暖かい休憩所は、子供でなくても助かる。釣りの合間にほっと一息

飲食店・氷
施設内の食堂でそば・うどん等を、売店で氷、仕掛けやエサ、飲み物、弁当等を販売している

周辺情報
すぐ隣に「横浜シンボルタワー」あり

　釣り場の規模とサービス面の充実度は、東京湾内の海釣り施設のなかでピカイチである。管理棟の2階にある休憩室は、急な雨や寒さにくじけたときの避難所としてとてもありがたい。釣り場は、護岸と桟橋の2カ所で構成されている。

　半円が連続した護岸釣り場❶は600m。護岸際の水深は約8mあり、際から20mくらいは平坦で、その先がカケアガリになっている。ヘチ釣りはもちろん、ウキ釣り、サビキ釣り、投げ釣り、なんでもOK。ヘチ釣りではクロダイとアイナメなどが周年釣れる。

　釣り桟橋はL型で計400m。周辺の海底にはコンクリートブロックや沈船など、多くの漁礁が配置されている。沈船だけでも10数隻はあるはず。そして、橋脚の下には石積みの土台がある。水深は、以前は一番深いところで21mはあった。ところがしだいに釣り場全体が浅くなってきて、漁礁も埋没しかけている。おかげで根掛かりは少なくなったが、以前よりも迫力に欠けるような気がする。

　釣り方はいろいろ。ただ、遠投の投げ釣りをしたい場合には先端の左側角❸しかない。ここからの延長線には漁礁がなく、しかも40mほど先にはいかにも魚が居着きそうな深みがある。40mの距離なら大抵の人が届く距離だ。

　ほかにも、沖釣りで見られるコマセダイ仕掛けのミニチュア版の釣りがおもしろい。潮は護岸と平行に流れるので、渡り桟橋❹の途中でこの釣りをすると効果的だ。水深は20mにも満たないのに、潮が速いときは40号のオモリを使ってもミチイトが斜めに走る。ハリスの長さを

2003 / 1 / 31

　2～4mにして、ハリスの長さ分、底を切るのもコマセダイと同じ。コマセで漁礁に潜むターゲットを誘い出し、長いハリスで流したエサに食いつかせる…といった寸法だ。この釣り方で釣れるのは、クロダイ、アイナメ、スズキ、メバルなど。

　それから、橋脚沿いを探るヘチ釣り師は多いけれど、橋脚沿いはたくさんの魚が寄っているので、そこでサビキ釣りをするのも有効だ。

手洗い場があるのはうれしい

売店、食堂などの施設も充実

釣り桟橋と護岸もあるのでヘチ釣りにも対応

コメント とにかく釣りデッキの広さは圧巻。設備も充実していて、家族でも安心して釣りが楽しめる。都内からもほど近く、横浜までちょっと足を延ばせば遊び場も多いので、カップルでのデートにもお勧め。

東京湾奥｜本牧海づり施設

エリア⑧ 東京湾奥

釣り施設ができる以前から
渡船を利用する釣り人が絶えない好ポイントだった
大黒海づり公園
だいこくうみづりこうえん

- ファミリー度 …… 5
- 大漁度 ………… 4
- 耐風波度 ……… 3

大黒海づり公園
TEL：045-506-3539
営業時間／4～10月6：00～19：00、11～3月7：00～17：00（12/30～1/3休）
※長さ200m、幅17m、水深6～10m。夜間照明設備あり。サオ1人2本まで。子供用ライフジャケット無料貸し出し。釣具、エサの販売、貸しザオあり。利用料金大人900円、中学生450円、小学生300円。見学大人100円、小・中学生50円。

DATA

アクセス
◇車／R15大黒町入口経由または首都高湾岸線大黒埠頭ランプより5分
◇電車・バス／JR・市営地下鉄桜木町駅から109系統市営バス「大黒海づり公園」下車、またはJR鶴見駅か京急鶴見駅から17系統市営バス「大黒海づり公園」下車

駐車場&トイレ
200台収容の専用Pあり（250円/3h、500円/1日）。管理事務所内にトイレ、休憩所等あり

飲食店・氷
施設内の自販機で飲み物や軽食（おにぎり、焼きそば等）、氷は売店で販売しているが、食事等はできれば持ち込んだ方がよいだろう

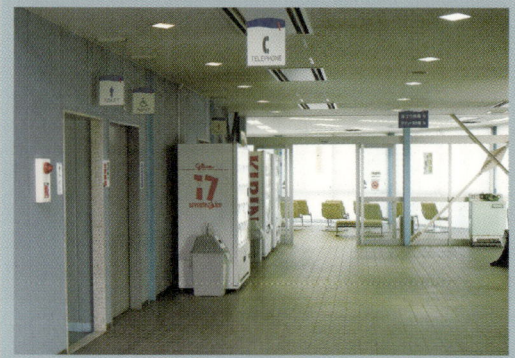

トイレや休憩所を完備した釣り施設は、家族連れにもやさしい遊び場だ

周辺情報
釣り施設以外にも、公園は広く、芝生エリアや池などがあって、ピクニックや散歩なども気持ちがよい

　公園内にある釣り施設は、横浜港口の第2新堤の上に作られた釣り桟橋で全長200m、幅17m、定員300名。ファミリーやカップルで遊びに来て一日中楽しく過ごせるフィールドである。もちろん、釣りエサや仕掛けなどを販売する売店や軽食、休憩所などのサービス面も充実している。

　堤防上にある桟橋なので、基本的に堤防での釣りと変わらない。よって、桟橋の外側と内側とでは釣況が違う。特にサビキ釣りでは、外側でアジがバリバリなのに内側ではサッパリ、という状況もよくあるので注意したい。サビキ釣りの釣果は、サッパとイワシがほとんどだが、夏～秋にはアジの回遊もある。

　桟橋の外側は岩礁帯で、内側は砂泥地になっている。したがって、投げ釣りをするなら内側が釣りやすい。オススメは先端から中央付近❶まで。シロギス、カレイのほかにイシモチも狙い目だ。だいたい5月から11月中旬までがイシモチの釣期で、群れにあたれば大釣りも夢じゃない。それほど遠投の必要はなく、50mくらい投げればポイントに届く。釣れるサイズは25cmクラスがアベレージで、たまに35cmを超す大物も混じる。日並みが良ければ20尾くらいは釣れる。それから沖へ向かって先端右角❷も好ポイントなのでお見逃しなく。

　外側からは、磯ザオ＋中通しオモリのチョイ投げ釣りで根を探りアイナメ、カサゴ。投げザオよりも長い磯ザオは、広い範囲を探りやすく根掛かりもはずしやすい。そして、なにより軟調子だから、釣っていておもしろいのだ。

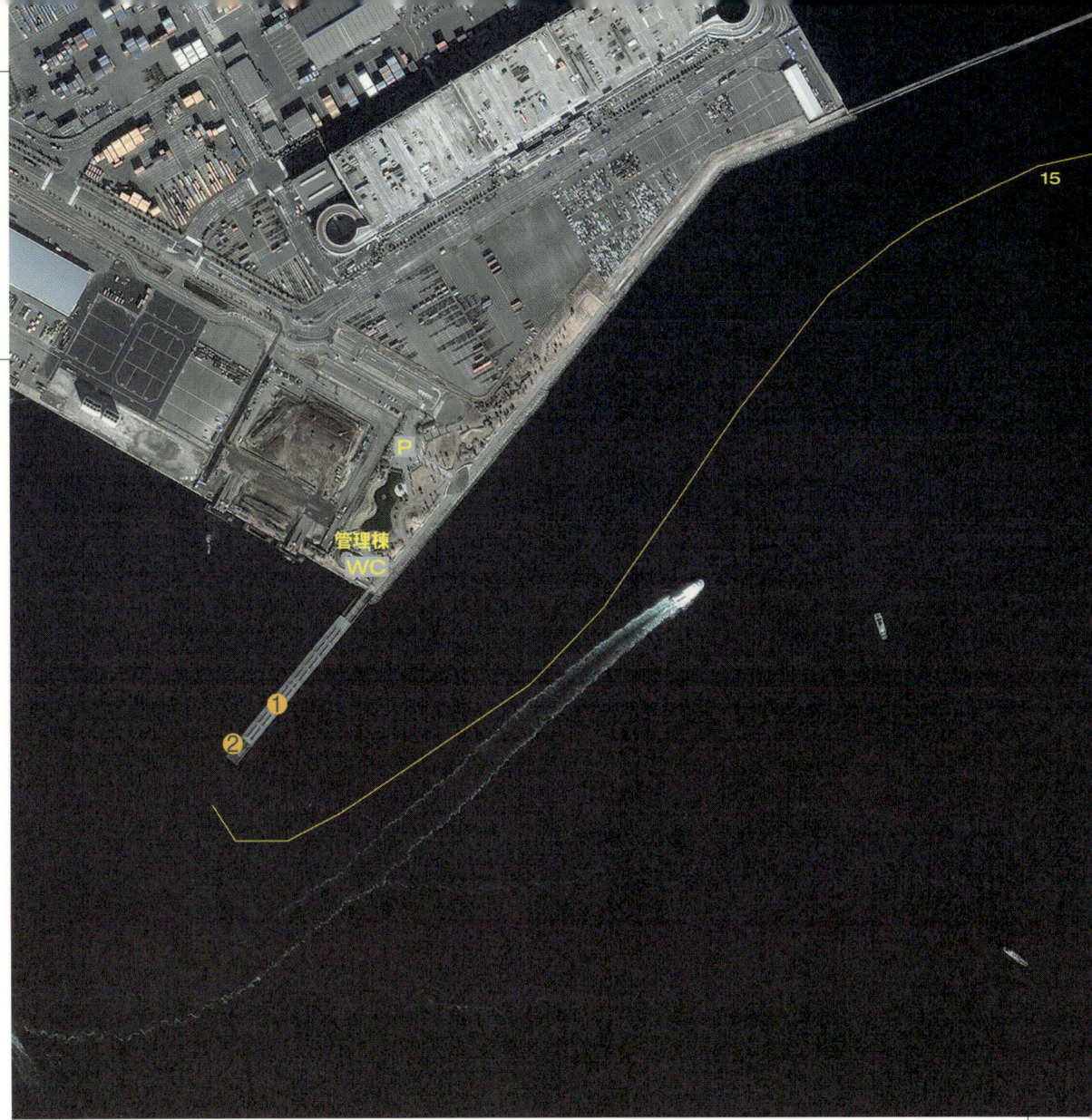

2003 / 1 / 31

　もうひとつ、7m近い水深を生かしたヘチ釣りも忘れてはならない。ケーソンの継ぎ目を主体に探り歩き、ガン玉は4B前後。クロダイをはじめ、アイナメ、メバル、ウミタナゴ、カサゴ、フッコなどさまざまな魚がサオを絞る。

赤灯堤防の上に建造された釣り桟橋。高さもちょうどいい。広く開放的な釣り場は、柵も高くて、小さい子供も安心

左上：隣接する公園は、芝生や池のある広々スペース。海を見ながらの散歩もいい
左下：施設内にある売店。仕掛けからエサ、簡単な釣具まで販売されていて、いざというときにはとっても便利
上：海好きにはたまらないロケーション。一日眺めていても飽きない

コメント 設備の整った釣り施設はやっぱり家族にお勧め。釣りデッキにはベンチもあり、柵も高くて小さな子供でも安心。でも海面までの距離が遠いので、ちょっと釣りづらいかな？ また日陰はないので真夏は暑い。

東京湾奥　大黒海づり公園

エリア❸ 東京湾奥

対岸の木更津が目の前で、眺望は最高。
釣りだけじゃもったいない。無料駐車場もありがたいね

東扇島西公園
ひがしおおぎじまにしこうえん

- ファミリー度 …… 5
- 大漁度 ………… 4
- 耐風波度 ……… 3

東扇島西公園
TEL：044-287-6027
営業時間／24時間
（駐車場は6：00～19：00、年中無休）
※利用料無料、夜間照明設備あり、園内火気使用禁止

DATA

アクセス
◇車／首都高湾岸線扇島IC～R357横浜方面へ
◇電車・バス／JR川崎駅東口19番乗り場から市営バス川05系統東扇島循環「川崎マリエン前」下車、徒歩20分（マリエンバーベキュー場より無料貸し自転車あり 9：00～16：00、月曜定休）

駐車場＆トイレ
78台収容の無料P（6：00～19：00、夜間閉鎖）あり。トイレ、水場あり

トイレもできたばかりできれい。目の前に水場もあり

飲食店・氷
公園内には自販機しかなく、周辺にもほとんど店がないため、必要なものは事前準備のこと。釣具、エサ店は、川崎の勇竿釣具店がある（TEL：044-299-0012）

周辺情報
「東扇島西公園」内は、釣り施設以外にも芝生広場や高台等あり。また「川崎マリエン」のバーベキュー場は、代表者が20歳以上なら誰でも無料で利用できる。鉄板、網、トングも無料貸し出し（1カ月前より申し込み受け付け、利用時間　通常期10：00～16：00、7～8月10：00～15：00、16：00～19：00の二部制、12～2月11：00～14：00）

　名前の通り、東扇島の西端にある公園。無料駐車場とトイレがある、ファミリーに快適な釣り場だ。欲をいえば、鉄柵がもう少し低いとちびっ子には釣りやすいのだが。

　手前の駐車場から入ると、目の前に消波ブロックがある。この辺の水深は2.5～3m。護岸は先端まで400mほど続き、先端付近の水深は6m。日中でも十分に釣果が期待できる深さがある。

　この公園のターゲットは、シロギス、カレイ、アイナメ、アジ、イワシ、イシダイ、クロダイ、スズキ、メバル、イナダ、マゴチ、ミズイカなど。このなかで比較的ラクに釣れるのは投げ釣りのカレイ、シロギスと、護岸際か消波ブロックの間を狙うメバルだ。釣り方はヘチザオを使ったフカセ釣りかウキ釣り。もちろんルアーでもいい。それから、サビキ仕掛けにも盛んにアタックしてくるので、ビギナーはいろいろな魚が釣れるサビキ釣りが飽きない。

　そしてこの公園で一番釣りたいのはマゴチだ。釣期は6～10月で、50cmオーバーも顔を出すし、ツ抜け（＝10尾以上）させる腕自慢もいる。まさに型、数ともに申し分なし。釣り方は、護岸半分から手前の、浅いところでの落とし込みザオの探り釣り。もしくは、半分から先の先端側では、磯ザオでのブッコミ釣り。どちらもエサは生きハゼが一番。夏のことだから近くの運河で確保してきてもいいし、釣具店で購入して一気に勝負モードに入るのもいい。どちらにせよ、弱ったハゼでは食いが悪くなるので、エアポンプなどのアイテムは必要になる。

　ちなみに落とし込みでは、オモリを打たずにヘチからサオ下までの底付近を探る。一方、ブッコミ釣りは根掛かりを防ぐため2号程度の軽いオモリで沖からヘチまでをサビいてくる。アタリがあったら慌てずに十分食い込ますことだ。タモの準備もお忘れなく。

　ちなみにミズイカは、冬に5cmのプラヅノを、ブランコ

P&WC
東扇島西公園
P
20
2002/12/29

仕掛けにして釣る。まぁ沖釣りのヤリイカ仕掛けのミニチュアです。それを軟らかい投げザオで遠投して、シャクりながら寄せてくる。けっこう面白い釣りですよ。

上左：ヘチ釣りでマゴチを狙う。エサは生きハゼ　上右：きれいなメバルが釣れたね。唐揚げかな、素付けかな　下左：ファミリーはピクニック気分で

広くてキレイ。釣りのできる東京周辺で一番新しい公園です

コメント 広々と開放的な公園で、時折大型タンカーや客船が通るのを眺めながら、のんびりと一日釣りができる。設備が新しくてきれいだし、広い芝生もあって、お弁当を持ってピクニック…なんていうのが気持ちいい。

東京湾奥　東扇島西公園

エリア3 東京湾奥

つり園というが、隣接する公園にトイレがあるだけの自由気ままなエリア
浮島つり園
うきしまつりえん

■ ファミリー度 …… 4
■ 大漁度 ………… 3
■ 耐風波度 ……… 4

浮島つり園
TEL：044-288-0600
営業時間／24時間
（年中無休）
※長さ240m、幅7m。
夜間照明設備あり。
エサ、釣具等の販売、
貸し出しなし。利用
料無料

DATA

アクセス
◇車／6号川崎線浮島ICから5分、R409東京湾アクライン手前左折してすぐ
◇電車・バス／JR川崎駅東口から臨港バス川03または四谷下町経由浮島バスターミナル行き「浮島公園入り口」下車徒歩5分

駐車場＆トイレ
Pなし。トイレは隣接する浮島公園内にあり

飲食店・氷
施設周辺に自販機や売店等はあるが、食事や飲み物、氷等、必要なものは事前に準備しておいた方がよいだろう。釣具、エサ店は、川崎の勇竿釣具店がある（TEL：044-299-0012）

周辺情報
緑豊かな「浮島公園」

　いまどき入場料無料、24時間出入りOK、なんて釣り公園はめずらしい。残念ながら今は駐車場がないけれど、将来的には駐車場ができるだろうし、釣り場も延長されるかもしれない。それまでは、アクアライン浮島JCTのおかげで良くなったバスを活用しよう。
　釣り場は低い柵のあるコンクリート護岸で、海面が近く、護岸際の水深は4m、沖めは10m以上の水深がある。見た目以上に釣りやすく実績も高い釣り場だ。
　まずは手軽なサビキ釣り。ポイントは、への字に曲がっている護岸の折れ目あたりから、護岸の高さが変わっているところまでの間❶。イワシとサッパが中心だけれど、夏～秋のシーズンには小アジも釣れる。アジは、サッパよりも下層の、少し沖側を回遊するので長いサオが有利。さらに、アジを確実に釣りたいならマヅメ時に限る。24時間開放されているのだから、朝マヅメから狙ってみたい。また、コマセカゴを付けるタイプのサビキ仕掛けよりも、ハリに直接アミコマセを付けるトリックサビキのほうが断然アジのヒット率は高い。
　投げ釣りは、晩秋のケタハゼがイチオシ。フェリー桟橋の近く❷は深くてハゼの溜まり場になっている。なんと、シケの日には遊漁船も流す場所だ。釣り方はシロギスと同じで、コッパガレイも交じる。ほかには、夜釣りのアナゴにフッコ。外道のシャコは大型がかなり釣れる。
　ウキ釣りなら、同じく夜釣りのメバルが有望。居着きは周年ポツポツ釣れるが、1～2月は群れが押し寄せ、大釣りになることも。ただし、多摩川河口に位置するため雨後はかんばしくない。
　あとは、入り口近くにある消波ブロック際❸でのフッコルアーに、アイナメのブラーかブラクリもいける。

釣り人に温かい、貴重な釣り場。マナーを守って大切に使いましょうね

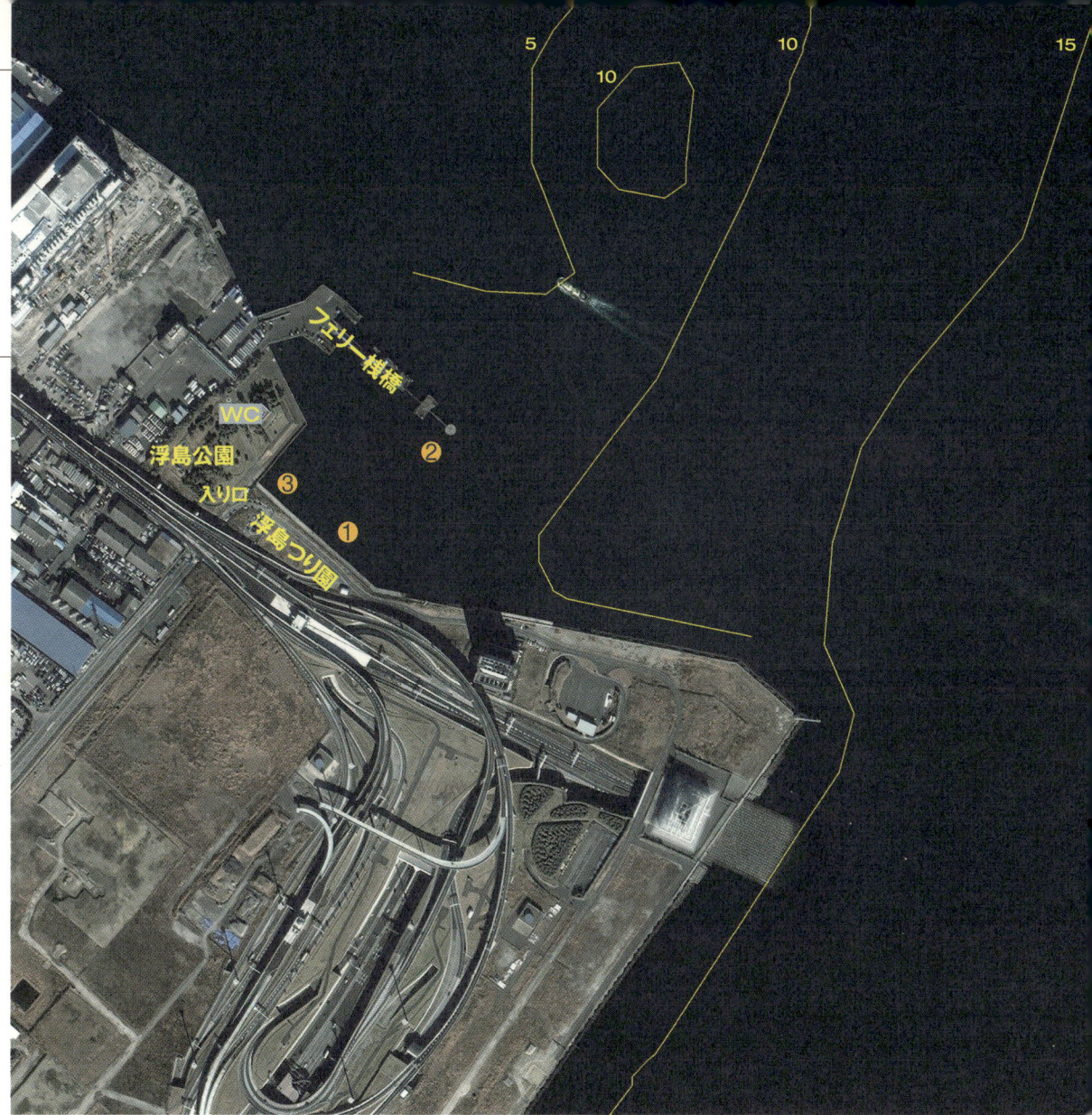

フェリー桟橋
WC
浮島公園
入り口
浮島つり園
①
②
③

2002 / 12 / 29

家族やカップルで気軽に釣りが楽しめるポイントだ

定番のサッパ（ニシン科）でした

コメント 羽田空港に離着陸する飛行機や目の前の海を行き来する大型フェリーを見ながらの、独特の雰囲気の浮島つり園。夜間照明設備も完備されていて、夜釣りもお勧め。安全柵が低めなので、足元に注意しよう。

東京湾岸｜浮島つり園

エリア3 東京湾奥

モノレール利用でお手軽、お気軽。
ファミリー度満点の夏ハゼ釣り場

大井ふ頭中央海浜公園

おおいふとうちゅうおうかいひんこうえん

■ ファミリー度 …… 5
■ 大漁度 ………… 3
■ 耐風波度 ……… 4

大井ふ頭中央
海浜公園
なぎさの森
TEL：03-3790-2378
営業時間／24時間
（駐車場は8：30〜
21：40、年中無休）
※利用料無料、しお
じ磯、夕やけなぎさ、
ハゼつき磯、みどり
が浜などがある

DATA

アクセス
◇車／首都高湾岸線大井南IC出てすぐ
◇電車・バス／JR品川駅東口から品91系統バスで「八潮南」下車、徒歩5分、またはモノレール「大井競馬場前」下車、徒歩8分

駐車場＆トイレ
公園の駐車場は通りを隔てたところにあり（8：30〜21：40、200円/1h）。距離的には遠くないが、中央分離帯に高い植木があって、なかなか通りを渡れないため、結構歩く。トイレと水場は釣り場のすぐ近くにあり。トイレはほかにも公園内に数カ所

広い道路を隔てた反対側にある駐車場。道路をわたれる場所が限られているので注意

飲食店・氷
公園内にレストランあり。また「しながわ水族館」のある「しながわ区民公園内」にもレストランや売店あり。ほか、近くにコンビニ等あり。氷はコンビニで手に入るほか、大倉屋ではペットボトルの飲み物を凍らせて販売しているので、それを利用する手もある

周辺情報
すぐ近くには、イルカやアシカのショーも行われている「しながわ水族館」（高校生以上1,100円、小・中学生600円、幼児300円、4歳未満無料）、平和島には映画無料観覧ができるクアハウス（入浴6時間制大人1,700円〜、子供800円〜）やボーリング場（11：00〜翌朝5：00、一般1ゲーム500円〜）、レストラン等がある。ほかにも野鳥公園や海浜公園等多数あり

　大井ふ頭中央海浜公園は京浜運河でのハゼ釣りが中心の釣り場だ。でも、ここだって20年前には40cm級のカレイやメータークラスのスズキも釣れていたのですよ。いつかは昔のように大物がワシワシ釣れるといいなぁ。

　さて、正面入り口から一番近い「しおじ磯」❶は、駐車場と大井競馬場前駅から近い場所。しかし石積み護岸からの釣りになるので、ちびっ子には足元が危ないかも。あと釣りとは関係ないけれど、入り口からの途中にある野鳥公園はオススメです。想像以上に広くてちょっとした森林浴気分が楽しめる。大都会の喧騒も森の内部までは入り込めず、鳥のさえずりが気持ちいい。

　その隣、競馬場の反対側にあるのが「夕やけなぎさ」❷。遠浅の砂浜で、一番人気。大きな水場のあるトイレに近く、芝生もキレイだ。そこから新平和橋までの間は石積み護岸が続くが、途中に、干潮時は小さな砂浜が露出する場所がある。そこが「ハゼつき磯」❸。以前あった大岩がなくなり釣りやすくなった。そして新平和橋と大和大橋との間は低いコンクリート護岸が続く「みどりが浜」❹。満潮時には、通過する船の波が護岸まで這い上がるので要注意。それから、濡れている部分はすべるので乾いているところを歩くように。なお護岸の先は浅く、干潮時には立ち込み釣りも可能。

　一般的に、7〜8月はウキ釣りかミャク釣りで、8〜9月は投げ釣り。釣果を上げるコツは、マメな移動と、人の少ないところで釣ることだ。ハゼのほかに、年によりセイゴやチビガレイが多く交じることもある。それに、最

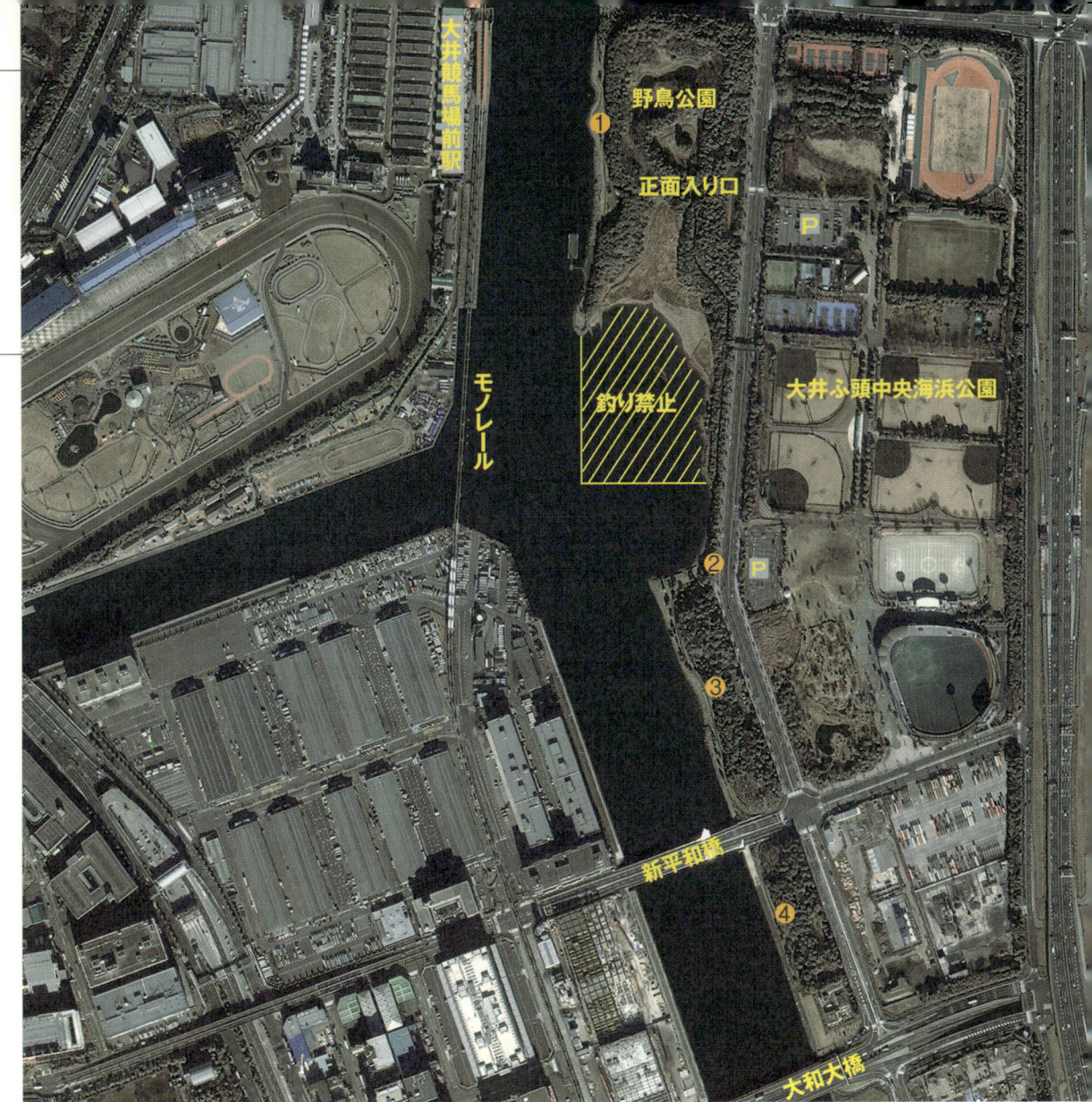

地図ラベル

大井競馬場前駅 / 野鳥公園 / 正面入り口 / モノレール / 釣り禁止 / 大井ふ頭中央海浜公園 / 新平和橋 / 大和大橋

2002/12/29

近はたまに20〜25cmのウロハゼがヒットして釣り人をびっくりさせる。マゴチのような受けグチなのでマハゼと区別がつく。

　秋になると浅場では釣れなくなり、投げ釣りオンリーでアタリも渋くなる。効率的に釣るなら夕方からの半夜釣りに限るね。運が良ければカレイやフッコも交じるし。ほかには、橋の明かりをたよりに冬の夜のフッコルアーかな。

釣具大倉屋
TEL：03-3761-4718
営業時間／土日祝日7：00〜18：00、平日8：00〜20：00
（第2・3水曜定休）
※釣り場から車で5分

上：満潮の夕やけなぎさ。遠浅で干潮時はもっと潮が引く
右上：夕やけなぎさにはトイレや水場もあって、とっても便利
右：アウトドアで釣りをする少年を見かけると、なんだかホッとする

コメント こぢんまりした小さな釣り場。近くには遊び場も多く、設備も整っていてファミリーにはピッタリ。平日は近所の子供たちがちょっと遊びに来ているような感じだが、シーズン中の週末は案外混雑する。

東京湾奥　大井ふ頭中央海浜公園

エリア3 東京湾奥

キャンプ（要予約）をしながら釣りができる数少ないエリア。
ファミリーにピッタシ

若洲海浜公園　海釣り施設
わかすかいひんこうえん　うみづりしせつ

■ ファミリー度 …… 5
■ 大漁度 ………… 4
■ 耐風波度 ……… 3

**若洲海浜公園
海釣り施設**
TEL：03-5569-6701
営業時間／24時間
（駐車場は6：00～
21：00、年中無休）
※利用料無料、夜間
照明設備あり、施設
内火気使用禁止

DATA

アクセス
◇車／首都高湾岸線新木場ランプから東京ヘリポート方向へ8分
◇電車・バス／JR京葉線・営団地下鉄・臨海副都心線新木場駅から都バス木11系統若洲キャンプ場行き終点「若洲キャンプ場前」下車

駐車場&トイレ
300台収容のPあり（500円/1回、6：00～21：30、夜間閉門）。トイレはサービスセンターおよび海釣り施設ゲート付近にあり

釣り堤防のゲート前にある、水場も完備したきれいなトイレ

飲食店・氷
公園内の売店では、食料品（スナック類から食材まで）、飲み物、日用雑貨の販売をはじめ、釣具や仕掛けやエサの販売、キャンプやバーベキュー、釣り道具のレンタル等も行っている。氷も売店で手に入る

周辺情報
若洲海浜公園は、釣り施設のほかにも磯遊びが楽しめる人工磯、レンタサイクル、多目的広場、アスレチック等のある公園や、宿泊も可能なキャンプ場［利用料 日帰り大人300円、小・中学生150円、1泊2日大人600円、小・中学生300円、幼児無料］がある。なお、園内売店ではレンタルシャワー（300円/10分）もあり

　パンフレットには、キャンプ場、サイクル施設、多目的広場、ゴルフなど、子供からお年寄りまでどなたでも楽しめる野外レクリエーションゾーン。…と書いてあるが自分は釣り以外で訪れたことはない。まして、東防波堤が釣り施設として整備されてからは、以前は釣りができた人工磯や消波ブロックでの釣りが禁止されたので、しばらく足が遠のいてしまった。しかし、釣り場として優秀なのは事実。ファミリーフィッシングを楽しむならば、釣り施設だけでも十分だろう。

　釣り施設は、昔から好釣り場だった東防波堤にゲートと柵を設けたもの。入場は無料だが、駐車場の利用時間は6～21時までで、悪天候時には釣り場が閉鎖されることもある。

　防波堤先端と外側での釣りは禁止。先端から航路筋を狙う投げ釣りができなくなったのが一番痛い。それでも、先端手前❶は水深が9m近くあるので、クロダイやスズキ、メバルなどの人気魚がヘチ釣り、ルアー、ウキ釣りで釣れる。

　投げ釣りは、防波堤内側全体❷が釣り場。ただ、場所による釣果の差はある。オススメは中央部から少し先端より周辺だが、アタリが少なければマメに移動しよう。シロギスは遠投有利だが、ほかのカレイ、アイナメ、フッコ、イシモチ、アナゴ、ハゼなどはチョイ投げでもヒットするからビギナーでも大丈夫だ。それから生きエサや身エサでブッコミ釣りをすると、危険なアカエイが釣れることがあるので注意したい。

　サビキ釣りは中央付近から手前❸でサッパ、イワシ、アジにセイゴがよく食いつく。かなり長い防波堤なので、空いているときにサビキ釣りをする場合は、サビキ釣りをしている人のそばで釣ったほうが、コマセは効いて釣果アップ間違いなし。

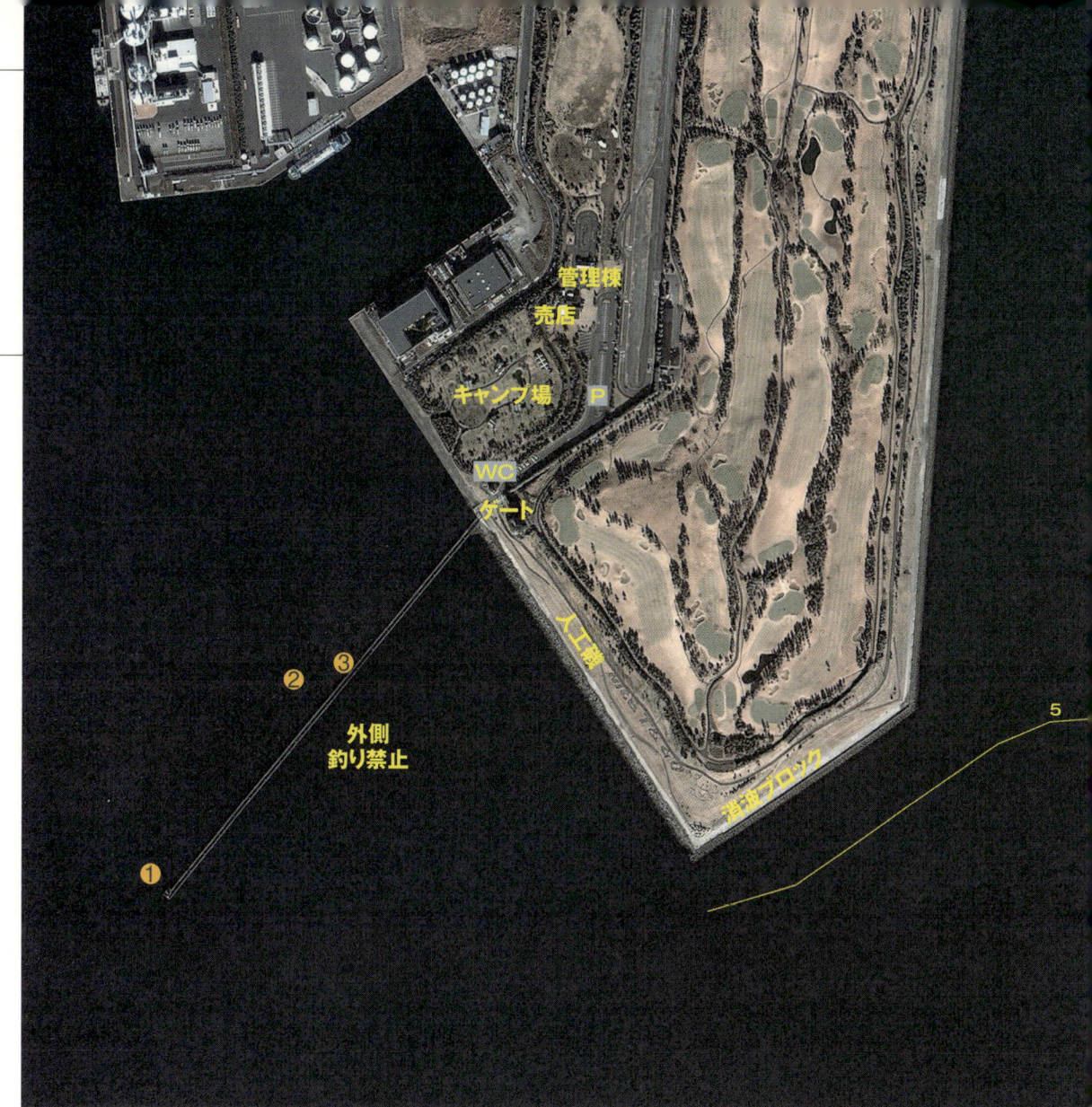

管理棟
売店
キャンプ場　P
WC
ゲート
人工磯
消波ブロック
① ② ③
外側
釣り禁止
5

2002 / 12 / 29

あと、ヘチ釣りはケーソンの継ぎ目を中心に探って、クロダイ、シマダイ、アイナメ、メバルなど。

ん？イシモチですか？

上左：足場のよい海釣り施設。昔からの好ポイントだ　上右：海釣り施設に隣接する人工磯　下左：荒川河口沿いで目の前は好漁場の三枚洲　下右：釣具＆エサの販売をするようになり超便利

コメント キャンプやサイクリングも楽しめる若洲海浜公園は、家族や仲間たちとわいわい遊びに行くには絶好の場所。釣り場は広くて設備が整っているし、入場無料もうれしい。キャンプで一泊すれば夜釣りも可能だ。

東京湾奥　若洲海浜公園

エリア⑧ 東京湾奥

ハゼ釣りのメインゲレンデ。
いったい毎年、何尾生まれて何尾釣られるのか
江戸川放水路
えどがわほうすいろ

■ ファミリー度……4
■ 大漁度…………4
■ 耐風波度………3

最盛期には川面がボートで埋め尽くされる

手作りらしきサオがシブイ

DATA

アクセス
◇車／京葉道路市川IC〜R6経由5分
◇電車・バス／営団地下鉄東西線妙典駅から徒歩8分

駐車場＆トイレ
ボートを借りる場合は無料の専用Pあり。トイレも店にある

たかはし遊船は、駐車場もトイレもあり、釣り場は目の前。川は穏やかで、小さい子ども連れでも安心だ

飲食店・氷
周辺にコンビニ数カ所あり。市川IC付近のニッケ・コルトンプラザにはレストラン多数。氷は、たかはし遊船にあり

周辺情報
「三番瀬」や「野鳥の楽園」などで、野鳥や東京湾に残る貴重な自然が観察できる。また足を延ばせば「ニッケ・コルトンプラザ」や、「ららぽーと」、「ハイパーモールMERX」などのショッピングモールもあり

　行徳橋にある水門は大雨のときにしか開門しない。よって、普段の江戸川放水路は川というより海だ。衛星写真で見てもはっきり水色の違いが分かる。しかも埋め立て地の沖はあの三番瀬。恵まれた条件で、ハゼやカレイだけではなく、さまざまな生き物の生育に都合が良い場所である。
　ハゼは、立ち入り禁止区域外でサオが出せるところなら、放水路のどこでも釣ることができる。砂地の立ち込み釣りや座って釣れる護岸に、親水護岸など、パターンもいろいろ。初期は行徳橋と東西線の間の0.5〜1mの浅場❶で立ち込み釣り。ポイントを替えながら数を伸ばすのがセオリーだ。立ち込み釣りでは、腰にエサ箱とビクを下げておけば、ハゼが釣れるたびにクーラーのある場所まで戻らなくてすむので手返しが早くなる。また、暑い時期の釣りなので氷の入ったクーラーボックスは必需品。釣ったハゼと飲み物にエサも入れておいて、小出しにして使う。そして8月後半からは❷の東西線から下の湾岸道路までが爆釣ポイントになる。
　江戸川放水路のハゼのボート釣りは、もう湾奥の風物詩になっているかも。波の無い川筋はボート漕ぎもラクラク。ボート釣りデビューに最適な場所である。初期は陸っぱり同様に上流の浅場❸を釣る。そして中期は東西線の下流❹。なるべくほかのボートがいない場所で釣るほうが数は伸びる。
　さらに数を望むなら、仕掛けにひと工夫が必要。2〜3cmの短いハリスをオモリより少し上のハリスに直結した、ミニドウヅキ仕掛けのようなミャク釣りは、アタリが敏感に取れる数釣り対応型。さらにエサのアオイソメも、頭の硬い部分を叩いて柔らかくすれば、ひとつのエサ

航空写真ラベル:
- 行徳橋
- 新行徳橋
- 江戸川放水路
- たかはし遊船
- 東西線

2002／10／13

で数匹は釣れて手間がはぶける。この釣り方で数束（束＝100尾）も釣ってしまうベテランもいる。そんなに釣っても困るけれどね。

そして10月過ぎは、河口の行徳港付近まで曳船してもらい、ヒネハゼとカレイを釣る。冬のボート釣りはかなりマニアック。寒いし揺れるし。でも、釣果を得るためにはしかたない。釣果優先だぁ。

夏休み中はこのような光景があちこちで見られる

立ち込み釣りのスタンダードスタイル

たかはし遊船　TEL：047-357-0513

営業時間／6：00〜16：00（定休日特になし）
※江戸川放水路の貸しボート。ボートは手漕ぎのみ。エサ、仕掛け、釣具等販売。ほかにキスやアナゴをターゲットにした乗合船や、潮干狩りやハゼ、天ぷらの仕立て船、桟橋釣り（大人1,000円、子供500円）などの営業もしている。土日祝日ボートレンタル料（平日は500円引き）　2人乗り3,500円／1日、3人乗り4,500円／1日、5人乗り6,000円／1日

コメント　千葉と東京の境にあって、都会のオアシスのように、静かでのんびりした釣り場。川釣りで、しかもターゲットがハゼなので、小さな子供でもOK。天気の良い日は、孫連れのおじいちゃんの姿なども見られる。

東京湾奥　江戸川放水路

エリア③ 東京湾奥

都会の釣り場でも気分はウッキウキ。
突堤には柵があって、ちびっ子も安心

検見川浜 けみがわはま

■ ファミリー度 …… ❸
■ 大漁度 ………… ❹
■ 耐風波度 ……… ❷

堤防内はウインドサーフィンエリアで砂浜からの投げ釣りは不可

スズキだっているぞ。柄の長いタモは必需品だ

DATA

アクセス
◇車／東関道湾岸千葉IC〜R357千葉方面〜R14東関道との立体交差の先の千葉西警察署前交差点を右折突き当たり
◇電車・バス／JR総武線稲毛駅西口から高浜南団地行きバス「高浜南団地」下車徒歩10分、または京葉線稲毛海岸駅西口から海浜病院行きバス「磯部高校前」下車、徒歩3分

駐車場&トイレ
海浜公園内、およびヨットハーバー駐車場が有料（9：00〜17：00、500円/1回）であるほか、通りを隔てた向かいの駐車場はシーズン中や休日（9：00〜21：00、500円/1回）以外は無料。トイレはヨットハーバーの管理棟および公園内にあり

釣り場となるビーチや堤防からすぐの、ヨットハーバー駐車場

飲食店・氷
近くにコンビニや食べ物屋、スーパー等あり。またヨットハーバーの管理棟にある「カフェ・ガッシュ」でも食事ができる（11：00〜17：00、金土日祝〜21：00）。氷はコンビニ、フィッシング稲毛で手に入る

周辺情報
稲毛も検見川も人工のきれいな浜で、海水浴や潮干狩りが楽しめる。稲毛海浜公園内にはプールやレンタサイクルなどの施設が充実。また幕張まで足を延ばせば、ガーデンウォーク幕張（ショッピングモール）やマリンスタジアム、幕張海浜公園など、千葉方面にはポートタワーや県立美術館、TEPCO地球館やスーパー銭湯など、海沿いに遊ぶ場所は数多い

埋め立てによって失われた干潟の跡に海浜公園、スタジアム、プール、ヨットハーバー、テニスコートなどの施設ができあがった。そして海岸線には、幕張から稲毛の間に人工砂浜が並んでいる。そのなかで一番大きいのが検見川浜である。稲毛海浜公園内にあるため駐車場やトイレの設備はバッチリで、足場も良く、ファミリーからベテランまで楽しめるスポットです。

釣り場は、人工砂浜を囲むように湾曲して沖へ延びる2本の突堤。中にある人工砂浜は一見遠浅に見えるが、波打ち際から深くて、突堤先端の水深は8m。どちらかといえば、花見川近くの突堤のほうが深くて、さまざまな釣りをするのに十分な水深がある。

手軽なサビキ釣りではサッパ、イワシ、セイゴの湾奥三兄弟をはじめ、まれにアジとコノシロ、小メバルも釣れる。狙いをアジやメバルに絞るには、サビキのハリにエサを付ければ打率アップ。エサはイソメを小さく切ったものでOK。トリックタイプのサビキが手っ取り早いが、深いし水面からの高さもあるので、途中でアミコマセが落ちないよう慎重にね。

投げ釣りは突堤の中ほどから先端の間で。シロギス狙いなら外側へ投げて遠投有利。風のある日は向かい風にならないほうの突堤を選ぶ。釣期は初夏から晩秋で、外道にアイナメやアナゴ、イシモチ。カレイは秋から初夏がシーズンで、チョイ投げでもOK。オススメポイント❶は突堤のカーブ付近から花見川河口を探る。秋から晩秋の間はハゼがよく混じる。

ウキ釣りは花見川寄りの突堤先端の❷がイチオシ。アジ、メバル、フッコが代表的なところ。そして、秋にはサヨリの群れが押し寄せてくる。サヨリ専用仕掛けと遠投

2003／12／26

のできるタックルでチャレンジしよう。20～30cmがアベレージサイズだが、当たれば数釣り可能。束超えも夢じゃないぞ。

さらに、花見川河口付近ではフッコルアーが有望。公園内の駐車場は夕方には閉まるが、ほかの交通手段を利用すれば夜釣りも可能だ。

フィッシング稲毛
TEL：043-247-4652

営業時間／金土・祝前日24時間、平日～2：30（年中無休）
※釣り場から車で5分

公園内には、駐車場、トイレにレストランもある

コメント 高い手すり付きの釣り堤防は、小さな子供連れでも安心（手すり破損個所に注意）。千葉からも都心からも行きやすく、周辺に大型ショッピングモールなどもあって、ママも満足間違いなし。

東京湾奥 検見川浜

85

エリア❸ 東京湾奥

養老川河口にある釣り施設。
大物を狙うか数を釣るか、どっちもワクワクドキドキ
市原市海づり施設
いちはらしうみづりしせつ

■ ファミリー度 …… 5
■ 大漁度 ………… 4
■ 耐風波度 ……… 2

市原市海づり施設
TEL：0436-21-0419
営業時間／4〜6月6：00〜18：30、7〜10月6：00〜20：30、11〜3月7：00〜16：30（月曜定休、12/31〜1/3休）
※釣り台から海面までおよそ4.5〜2.5m、水深10〜13m。釣り台の定員300名。サオは1人2本まで。撒きエサ使用禁止。夜間照明設備あり。子供用ライフジャケット無料貸し出し。釣具、エサの販売あり。利用料金大人920円、小・中学生460円。ペット、酒類の持ち込み禁止、火気の使用厳禁

DATA

アクセス
◇車／館山自動車道市原IC〜R297バイパス経由、R16を10分、または東京、千葉方面からR357で養老大橋東信号を右折し突きあたり
◇電車・バス／JR内房線五井駅からタクシーで約10分

駐車場＆トイレ
85台収容の無料Pあり。トイレは管理棟1、2Fにあり

飲食店・氷
管理棟のレストランにはカレー等が、また売店では氷のほか、カップラーメンやパン、仕掛けやエサ、釣具などが販売されている。自販機コーナーもあり

簡単な食事もできる管理棟3Fのレストラン。見晴らし抜群！

周辺情報
管理棟1Fのマリンルームには魚の模型や船形の遊具などが、2Fの休憩コーナーには東京湾に生息する魚の水槽がある。また隣接の「養老川臨海公園」は広々とした芝の広場

　釣り施設に隣接する臨海公園と施設内にはマリンルームがあり、釣りに飽きたちびっ子も一日楽しく過ごせるファミリー向け釣り場。釣り場になる桟橋はL型で全長350m、約300名の釣り人を収容できる。そして、桟橋の周囲に設置してある漁礁と捨て石に、脇を流れる養老川の影響で魚の付きはバツグン。ワイワイ、キャーキャー皆で釣りを満喫しよう。

　桟橋の真下は水深が10〜13mもあり、まるで船釣り感覚。ビギナーは何でもアリアリのサビキ釣りをしたいところだがコマセ釣りが禁止されている。手間はかかるが、サビキのハリのひとつひとつに小さく切ったイソメやアミエビなどのエサを付けるなどの工夫をしよう。イワシ、サッパをはじめ、アジやメバル。ときにはハリにかかった小魚めがけてフッコやスズキがアタックしてくることも。

　チョイ投げは、カレイ、アイナメ、フッコ、イシモチ、ハゼ、アナゴなどが対象魚。カレイは40cmクラスも。遠投する必要はまったくなく、逆にサオ下や橋脚周りを探ったほうが得策。片テンビン仕掛けの上にハリを加えた欲バリ仕掛けが効果的で、アイナメやメバルが飛びついてくる。アオイソメをタップリとハリ付けするのがコツだ。

　養老川河口はもともとスズキの一級ポイント。当然、釣り施設でもスズキやフッコの魚影は濃い。ただし、ルアー釣りは禁止。釣り方としては、ウキ釣りが一般的だけど、フカセ釣りやブッコミ釣りもおもしろい。エサは、アオイソメやエビ類がよく使われるが、釣った小魚をエサにする生きエサがオススメ。ウキ釣りとフカセ釣りは橋脚周り、ブッコミ釣りは桟橋の両端と管理棟につながる連絡橋付近も穴場だ。

　さらに、クロダイを狙って通う人もめずらしくない。50cmオーバーも顔を出す、クロダイマンも一目おくポイン

千葉港

養老川

市原市海づり施設
管理棟

養老川臨海公園

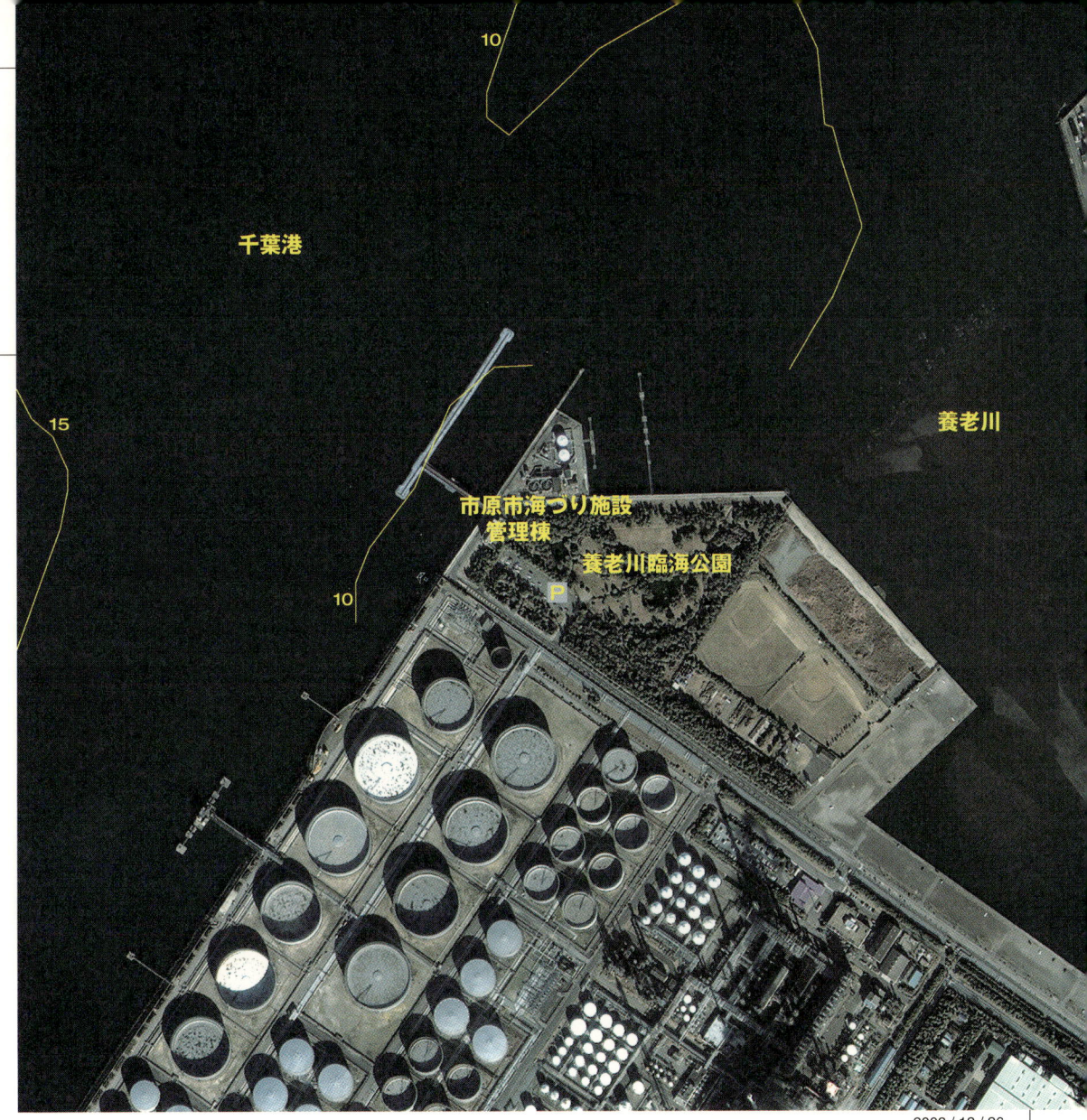

2003 / 12 / 26

トだ。落とし込み釣りで橋脚周りを探り、日中でも狙えるがやはり本命はタマヅメ。人が帰りはじめ釣り場がすいてくれば本気モードに突入。大物をキープしたらすぐさま、管理事務所の大物ランキングにエントリーしよう。

左上：釣り場にはうれしい水場も完備されている
左下：管理棟内には釣り上げた魚の写真が掲示されている。大物をゲットして仲間入りしよう
上：ルアーからエサ仕掛け、簡単な釣り道具まで、たいていのものが揃う施設内の売店

足場の良い桟橋の真下は水深10m以上。潮通しも良くて環境はバツグンである

コメント　設備が整っていて、子供から大人まで安心していっしょに楽しめる。ただし人気の釣り場なので、土日やハイシーズンの子供連れの場合は周りに注意しよう。夏の東京湾の夜景も魅力。

東京湾奥　市原市海づり施設

エリア4 内房

洲崎周辺 すのさきしゅうへん

東京湾口に張り出す天然の防波堤。
全体的に浅いが黒潮の影響も受けて潮通しバツグン

■ ファミリー度 …… ③
■ 大漁度 …… ④
■ 耐風波度 …… ②

洲崎北港。堤防と外側の磯が釣り場

❹ポイント。洲崎ではスパイクシューズとコマセ釣りがご法度。またくれぐれもライフジャケは忘れないように

DATA

アクセス
◇車／館山自動車道木更津南IC〜R127〜富津館山道路鋸南富山IC〜R127〜県道257南安房公園線で洲埼灯台へ
◇電車・バス／JR内房線館山駅から伊戸行きバス「洲の崎灯台前」下車10分

駐車場&トイレ
有料駐車場あり。トイレは特になし

飲食店・氷
バス停付近に小さな売店や自販機程度はあるが、釣り場に行くとまったく何もないので、必要なものは事前に準備していく必要あり。氷は佐野釣具店で手に入る

周辺情報
「洲埼灯台」のほか、野島崎方面に足を延ばすと、花を楽しみながら海辺のドライブができる「房総フラワーライン」、花摘み体験のできる「館山ファミリーパーク」や「白浜フラワーパーク」、「南房パラダイス」、「屏風岩」や「野島埼灯台」などなど、見所も遊び場も盛り沢山

青空に映える白い洲埼灯台。釣り後に散策すれば、のどかで気持ちがいい

ファミリーに適しているのは北港の防波堤からの釣りだ。普段は人けの少ない場所だがシーズンになればやはり混雑する。見た目よりも釣果がバラエティーに富むスポットで、シケ気味で先端の磯に入れないときに実力を発揮する。

先端付近❶が一番人気、投げ釣りでシロギスのほか外道にカワハギも顔を出す。それから、サビキ釣りではウミタナゴ、小メジナ、カワハギなど。ただし、コマセ釣りが禁止されているのでサビキの仕掛けのハリにアミエビを付けて対処する。また夏にブッコミ釣りをすれば、イシダイやクロダイ。それに夕マヅメから夜のフッコルアーも試す価値あり。

あと堤防の外側にある磯❷と、❸の別荘下の磯はクロダイのスイカ釣りポイント。釣期は6〜10月で、磯遊びをする人が減る9月からがベストシーズン。釣り場の水深は2.5m前後で、❷では沖に見えるタンク型のブロック方面に仕掛けを流す。❸はカクレ根が平行に走る難しいポイントだけれど、クロダイの実績はピカイチ。浅い場所ではタナを50cmに。

使用するスイカは、中玉の大きさで1日4個ほど。果肉を2〜3cmのさいの目に切り、約1kgの砂糖をまぶしておく。スイカ1個の半分くらいは付けエサ用として形良く切り、あとは撒きエサにするので適当でよい。砂糖漬けにするのは甘みと比重を増すため。

❹、❺、❻は灯台下の磯。クロダイをはじめメジナ、石物、青物、スズキなど、四季を通じてターゲットには事欠

洲崎灯台
洲崎北港

2002 / 2 / 19

かない。❹、❺は比較的足場が良くて、夜釣りのクロダイが有望。ただ、夜は真っ暗になる磯なので、明るいうちに行って足元を確認しておくこと。釣り方はウキ釣りかブッコミで、エサはイソメ類、貝、小魚、果実、カニにダイコンなどの野菜とか、いろいろなものを試してみよう。

❻は潮が速いうえに満潮時は波が這い上がるため、上級者向きのポイント。冬のメジナがおもしろい。

なお、洲崎ではスパイクシューズも禁止なのでフエルトブーツを。また、磯が低く、チャランボは必需品だ。

のどかな風情の、釣り場近くの「洲の崎灯台前」バス停

佐野釣具店 TEL：0470-29-0359
営業時間／6：00〜18：00（火曜定休） ※釣り場から車で5分

コメント 釣り場の磯は足場が悪いところが多く、さらに周囲に何もないひっそりとしたエリアなので、あまりファミリー向きとはいえないが、野島崎方面にちょっと足を延ばすと、家族で遊べる場所には事欠かない。

内房｜洲崎周辺

エリア4 内房

北向きの広い砂浜。
背後の山から朝日が昇り、夕日は海に沈む

浜田海岸 はまだかいがん

- ファミリー度 …… 4
- 大漁度 …………… 4
- 耐風波度 ………… 3

穏やかな堤防内側の砂浜がボート乗り場。ブーツがあれば冬でも大丈夫

いずれ反対側にも堤防が作られ港の形になる

DATA

アクセス
◇車／館山自動車道木更津南IC〜R127〜富津館山道路鋸南富山IC〜R127を館山市内経由、洲崎方面へ
◇電車・バス／JR内房線館山駅から洲崎方面行きバス「新宿学園」または「浜町」下車、徒歩3分

駐車場&トイレ
港内に駐車スペースあり。またアジロボートで貸しボートを利用する場合は造船所のトイレを借りることも可能

飲食店・氷
徒歩圏内にはコンビニやレストラン等はないので、必要なものは準備していった方がよい。氷は釣具宮城屋で手に入る

周辺情報
少し足を延ばすと里見八犬伝関連の資料のある「館山市立博物館」（大人150円、小・中学生80円、9：00〜16：30、月曜定休）、「安房博物館」（入館無料、7：00〜19：00、月曜定休）などがある。また「沖の島公園」、「城山公園」、「県立運動公園」等、大小の公園あり。そのほか立ち寄り湯や観光定置網、水中観光船や果物狩り、フラワーロードなど、いろいろなことが楽しめる

　浜田海岸は、ここ数年で堤防が大きくなったり埋め立てられたり、目まぐるしく変貌中だ。
　まず投げ釣りは、堤防よりも東（右）側で。反対の西側は海底がゴロタ場で根掛かりばかりだ。本命のシロギスは沖に越冬場があり超有望。メゴチやカワハギが交じって、型、数ともに望める。ポイントは堤防のすぐ東側❶、夏には海水浴場になる砂浜だ。ここでは、初夏と秋口には2色（1色＝25m）程度の近場で、ピンギス中心だけど数釣りが楽しめる。その隣の海岸❷は、5色以上の遠投でジャンボギスを狙う。それから、海岸に根のある場所では沖にも2〜3色まで根があるので、こちらも遠投で根掛かりを避ける。また堤防先端❸からはチョイ投げでもOK。根掛かりする沖側よりも、堤防の延長線上へ投げてサビいてくる。
　投げ釣り以外でも、堤防❹でクロダイ、カワハギ、アオリイカ、サヨリ、回遊魚などが釣れる。特にサヨリは40cm級の良型が回遊してくる。釣期は冬から春先。また秋の回遊魚を狙うなら、❸で、広い範囲をリトリーブ可能なジェットテンビン＋弓ヅノが有効。朝イチのみの手返し勝負だからキャスト数がものをいう。アオリイカはエギングで。
　当然、ボート釣り場としても秀逸。シロギス＆マゴチをはじめ、カワハギ、ホウボウ、青物、アジ、アオリイカ、マルイカなどなど。なかでもシロギスはイチオシで、周年狙うことができる。釣り場は、❺の広い砂地と沖にある定置網周り❻に漁礁❼。ちなみに定置網への接近および係留は禁止。漁礁まではかなりの距離がある。ベテランに任せておいたほうが無難だ。
　私としては、定置網周りで釣る夏のシイラが大好き。釣り方はムーチングで、エサは冷凍キビナゴで十分。群れにあたれば入れパクで、翌日は筋肉痛まちがいなし。もちろん生きエサを使えばヒラメやマゴチ、アオリイカがヒットする可能性は高い。

2002 / 2 / 19

釣具宮城屋　　TEL：0470-29-0655

営業時間／土日6：00〜19：00、平日7：00〜19：00（月曜定休）
※釣り場から5分

関東近郊にある2馬力の貸しボートはほとんどがアジロボート製

アジロボート　　TEL：0470-29-0904

営業時間／土日6：00〜16：00（月曜定休、平日予約のみ）
※浜田海岸の造船所の貸しボート。平日は予約者のみ。土日も予約した方が確実。船外機ボート取り扱い。2馬力船外機付き、免許不要サイズボート2艇あり。ボートレンタル料　船外機船3人乗り10,000円/1日、4人乗り12,000円/1日、5人乗り（2タイプ）15,000円・18,000円/1日、2人乗り手漕ぎ3,500円/1日

コメント　真新しいきれいな堤防に囲まれた、静かでのんびりした雰囲気の浜田漁港。1年を通して温暖なこの地域は、館山や野島崎方面に家族で楽しめる遊び場がいろいろあって、日帰りではもったいないくらい。

内房　浜田海岸

エリア4 内房

曳き船で有名なボート釣り場。
周辺には民宿も多く、夏の家族旅行にピッタリ

富浦港 とみうらこう

■ ファミリー度 ……5
■ 大漁度 …………4
■ 耐風波度 ………4

途中までクルマの乗り入れ可能。ファミリーに最適

遠浅の海岸は湾口付近でも水深10mほど

DATA

アクセス
◇車／館山自動車道鋸南富山IC〜県道184〜R127館山方面富浦へ
◇電車・バス／JR内房線富浦駅から徒歩15分

駐車場&トイレ
ボート乗り場近くに無料Pおよびトイレあり

飲食店・氷
車でひと走りの距離に道の駅とみうらがあり、軽食程度はあるが、多田良浜近くには飲食店はないため、必要なものは事前に用意しておいた方がよい。氷は田仲釣具店で手に入る

船形漁港の「ふれあい市場」。新鮮な魚介類をその場で食べることもできる

周辺情報
道の駅とみうらでは、ビワをはじめ富浦の名産品の販売、周辺の観光情報や休憩スペースなどがある。ほかにも車で走ると、おおつの里、三芳村などの道の駅あり。また海の展望が楽しめる大房岬自然公園や見見公園、ネコと遊べる「猫だ！パーク」（10:00〜16:30、年中無休、中学生以上1,000円、小学生・幼児500円、3歳以下無料）等あり

ファミリーには富浦新港の堤防がなんてったって釣りやすい。港内の堤防にクルマ乗り入れ可能なところは少ない。立ち入り禁止にならないようマナーを守って大事にしていきたいね。
多田良浜側の堤防は波静かな場所にあるため、消波ブロックがなく、とても釣りやすい。投げ釣りはそれほどの遠投力は必要なく、4色投げればどこでもカバーできる。砂浜寄りの❶では、初夏の早朝にピンギスの群れが接岸して数釣りが楽しめる。ただし、水遊びをする人やボートには十分注意すること。

先端近くの❷ではシロギスのほか、潮が濁っている日にはイシモチなども。親子で楽しむチョイ投げ五目にピッタリのスポットである。また、ブッコミ釣りではマゴチにヒラメ。使用する生きエサは、ピンギスが一番。それから足場がいいので夜釣りもオススメ。❷付近でアナゴ、スズキ、ヒラメ、イシモチなどが狙い目だ。もちろん、クロダイも。あと反対側の堤防❸では、ダンゴ釣りのクロダイに、晩秋から早春にかけてのサヨリがおもしろい。

一方、ここのボート釣りは曳き船がウリ。釣り物を申告すればポイントまで一直線の曳船サービスは、一度経験するとヤミツキになるゾ。

ポイント❹ではシロギス＆マゴチ、❺はアオリイカなども狙い目。なお、イケスから岬にかけての海域は航路になっていて、ミニボートの立ち入りは禁止なので注意しよう。ポイントに着いたらアンカリングして、大移動は避けること。ある程度ボートをまとめて曳き船が監視しているからだ。移動したいときや帰りにはボートにある旗を振れば迎えに来てくれる。

釣り物はこのほかにも、ヒラメ、マルイカ、カワハギ、アジなど魚種は豊富。なかでも、マゴチとイカ類の魚影は最高だよん。

この付近
進入禁止

富浦新港
多田良北浜
日の出ボート

2001 / 2 / 19

日の出ボート
TEL：0470-33-2787

営業時間／6：00～14：00
定休日特になし)
※富浦町多田良北浜にある貸しボート。2馬力船外機付き、免許不要サイズボート1艇あり(6,000円/1日)。2人乗り手漕ぎボートレンタル料4,000円/1日

田仲釣具店
TEL：0470-33-2171

営業時間／夏4：00～19：30、冬5：00～19：30（年中無休）
※ボート釣りの時間にあわせて平日でも早朝から営業

きれいなシロギス、釣れました～

コメント 海の穏やかな、雰囲気の良い釣りエリア。夏は海水浴場にもなる海岸には、無料駐車場もトイレもあり、周りには景色のよい公園や手ごろな遊び場もあって、家族揃って楽しめる。

内房　富浦港

エリア4 内房

内房最大の砂浜。
釣り場の広さもボートの数もキャパは最高

岩井海岸 いわいかいがん

- ■ファミリー度 …… ❺
- ■大漁度 …………… ❹
- ■耐風波度 ………… ❷

海底に広がる砂地と沖には根と定置網があり好ポイントの連続だ

手軽な釣りを楽しむなら、岩井高崎港の突堤がオススメ

DATA

アクセス
◇車／館山自動車道鋸南富山IC〜県道184〜R127南下5分
◇電車・バス／JR内房線岩井駅から徒歩10分

駐車場&トイレ
300台収容の無料Pあり。トイレは駐車場をはじめ、海岸に数カ所あり

駐車場、トイレ、釣具店、ボート乗り場がどれも近い

飲食店・氷
海水浴シーズンには海の家が立ち並ぶ。ちょっと足を延ばせば富山の道の駅、勝山ショッピングセンターなどもあるが、付近には小さな食堂や商店があるくらい。必要なものは事前に用意しておいた方が無難。氷は、つり友釣具店で手に入る

周辺情報
海水浴で知られる岩井海岸だが、付近にはハイキングに手ごろな山々もある。県道脇は12〜1月水仙ロードとして親しまれている。富山インター近くの道の駅「富楽里」には、漁協直営のレストランや物産品直営コーナーも。また日帰り入浴が可能な温泉宿も富山町内に何軒かある

　海岸沿いに無料駐車場があり、目の前にボート店とボート乗り場、さらに、釣具店もトイレも至近距離にある三拍子揃ったマイカー派にウレシイお手軽釣り場。
　投げ釣りは、駐車場前の高崎海岸よりも、ボートが少ない岩井海岸の北側❶が釣りやすい。砂浜は固めで投げやすく、思い切り遠投ができるから、6〜8本バリの長仕掛けで多点掛けを目指そう。ヒットゾーンは3〜4色付近。ここはシロギスのアタリが遠のく真夏の8月でも、良型がゾロゾロ鈴なりだ。
　さらに、チョコッと気軽にファミリーやデートフィッシングを楽しむならば、駐車場から近い❷の岩井高崎港の突堤がオススメ。先端近くではウキ釣りやサビキ釣りでアジ、イワシ、カマス、小メジナ、ウミタナゴなどが釣れる。投げ釣りならシロギス&メゴチに、晩秋からはカレイだ。
　ボート釣りのメインターゲットはシロギス&マゴチ。初夏と秋口のベストシーズン以外では水深10m近辺❸を流す。遠浅で広い湾内は流し釣りパラダイスです。また、開幕直後はシロギスの外道でカワハギがかなり交じる。ほとんどが良型なので、繊細なシロギス仕掛けでのファイトはシビレルぞ。悪名高いカワハギがなぜか簡単にお縄にできちゃうのだ。あとは、潮や時期によりイシモチやイイダコも顔を出す。
　シロギスのほかには、定置網周り❹でカワハギ、アジ、メバル。数釣り可能な魚がメインターゲットになるのが岩井の特徴だ。そして、秋からはイナダなどの回遊魚を迎撃すべし。
　それから岩井の特例として、定置網ブイへの係留が可能。専用のフックを貸してもらえるので、それを利用すれば安全で快適だ。なにしろ定置網周りは固定ロープだらけで、アンカーが絡んでしまうからね。
　最後に人気のアオリイカは岩井高崎港沖にあるブイ周り❺がポイント。ただし、近くにある航路を示すブイと混同しないように。むろん、航路内は釣り禁止だ。

岩井海岸
岩井川
高崎海岸
田中ボート
WC P
岩井高崎港

2002/2/19

つり友釣具店　TEL：0470-57-3183

営業時間／土日4：00～20：00、平日5：00～19：30（年中無休）
※釣り場から徒歩1～5分

近くの民宿などでは、宿泊客に釣具をレンタルしてくれるところも。

「小さいけど釣れた！」

田中ボート店　TEL：0470-57-3260

営業時間／6：00～15：00（定休日特になし）
※岩井海岸にある貸しボート。船外機船あり（要ボート免許）。ボートレンタル料　2人乗り手漕ぎ3,500円/1日、3人乗り船外機船10,000円/1日、6人乗り船外機船15,000円/1日、8人乗り船外機船16,000円/1日

コメント　臨海学校や合宿等で学生に知られる岩井海岸。実は海が穏やかで、手軽な小物釣りから大型まで望める、ビギナーからベテランまで人気のボート天国。近くには日帰り温泉もあるので、アフターフィッシングにぜひ。

内房｜岩井海岸

エリア4 内房

名礁、平島を擁する元名海岸。
釣具店とコンビニも近くにあるマルチなゲレンデ
元名周辺 もとなしゅうへん

■ ファミリー度 …… 4
■ 大漁度 ………… 4
■ 耐風波度 ……… 3

何の変哲もない小突堤だが、条件が整えばクロダイマル優スポット

名ポイントの明鐘岬。好ポイントが連なる

DATA

アクセス
◇車／館山自動車道木更津南IC〜R127〜富津館山道鋸南保田ICから5分、または久里浜から東京湾フェリー〜金谷港から5分
◇電車・バス／JR内房線保田駅からタクシーで5分

駐車場&トイレ
元名海岸周辺に駐車スペースあり。トイレも海水浴場にある。また海水浴シーズンは公共の無料シャワーもあり

飲食店・氷
付近に食堂、コンビニあり。海岸目の前に立つ「元名ビーチホテル」のレストランでも食事ができる。氷はコンビニ、北見釣具店（粉砕氷100円/1袋）で手に入る

周辺情報
「鋸山ロープウェー」（往復大人900円、子供450円、6歳未満無料）では、別天地の絶景が楽しめる。頂上に展望レストランあり。ハイキングコースもお勧め。また保田漁港の「ばんや」では保田漁港で揚がった新鮮な魚介類のおみやげ品、食事のほかに、高濃度炭酸温泉「ばんやの湯」（24h入浴、大人500円、子供200円、宿泊1万円〜）もある。どちらも車で5分ほど

目の前がビーチの「元名ビーチホテル」。海の見えるテラスが気持ちよさそう

　元名海岸の真沖は両側を岩礁帯に挟まれ、その間は根が点在する砂地。それに海岸の中央付近の20〜30mくらい沖にも小さな根❶がある。そこがチョイ投げスポット。国道沿いにある駐車場から眺めれば、水色で根と砂地の位置が把握できる。待ち釣りで根周りのジャンボギスかカレイがターゲットだ。
　その脇❷からは3色（1色＝25m）以上投げてさびく。短めの2本バリ仕掛けならば根掛かりが少なくキャストもラクだ。エサはジャリメが一般的だが、型がいいのでアオイソメや東京ジャリメも有効。
　小八幡岬近くにある堤防❸でもチョイ投げが可能。20〜30mの至近距離だからファミリーフィッシングのシンプルタックルでも十分。きっちり足元まで探るのがコツ。ただし、衛星写真でも分かるように外側は荒い岩礁のため、明鐘岬方向へ投げる。また堤防先端外側ではウキ釣り。潮濁りの好条件ならクロダイも望める。外道にベラ、カワハギなど。
　さらに❹では、1〜3色あるいは6〜8色の遠投をしてジャンボギス狙いを。
　元名でもボート釣りが楽しめる。シロギス＆マゴチをはじめカレイ、カワハギ、メバル、アジ、ヒラメ、回遊魚、クロダイなどに、オススメは秋のアオリイカ。
　シロギスは、二間島と元名平島の間に横たわる砂地❺。カワハギなどの根魚は二間島周りの岩礁❻。アオリイカはアンカリングならムーチング、流し釣りならエギングで。
　元名に山崎ボート店があるが、万が一混雑していてボートにあぶれてしまったら、隣の保田にあるウツギボートへ。釣り場は同じで、保田からは遠いが曳船してくれるので問題ない。以前、保田のボート乗り場前の岩礁で、曳き船を待つ間にアジを釣りながら泳がせ釣りをしていたらワラサをゲットしちゃったこともあった。ちな

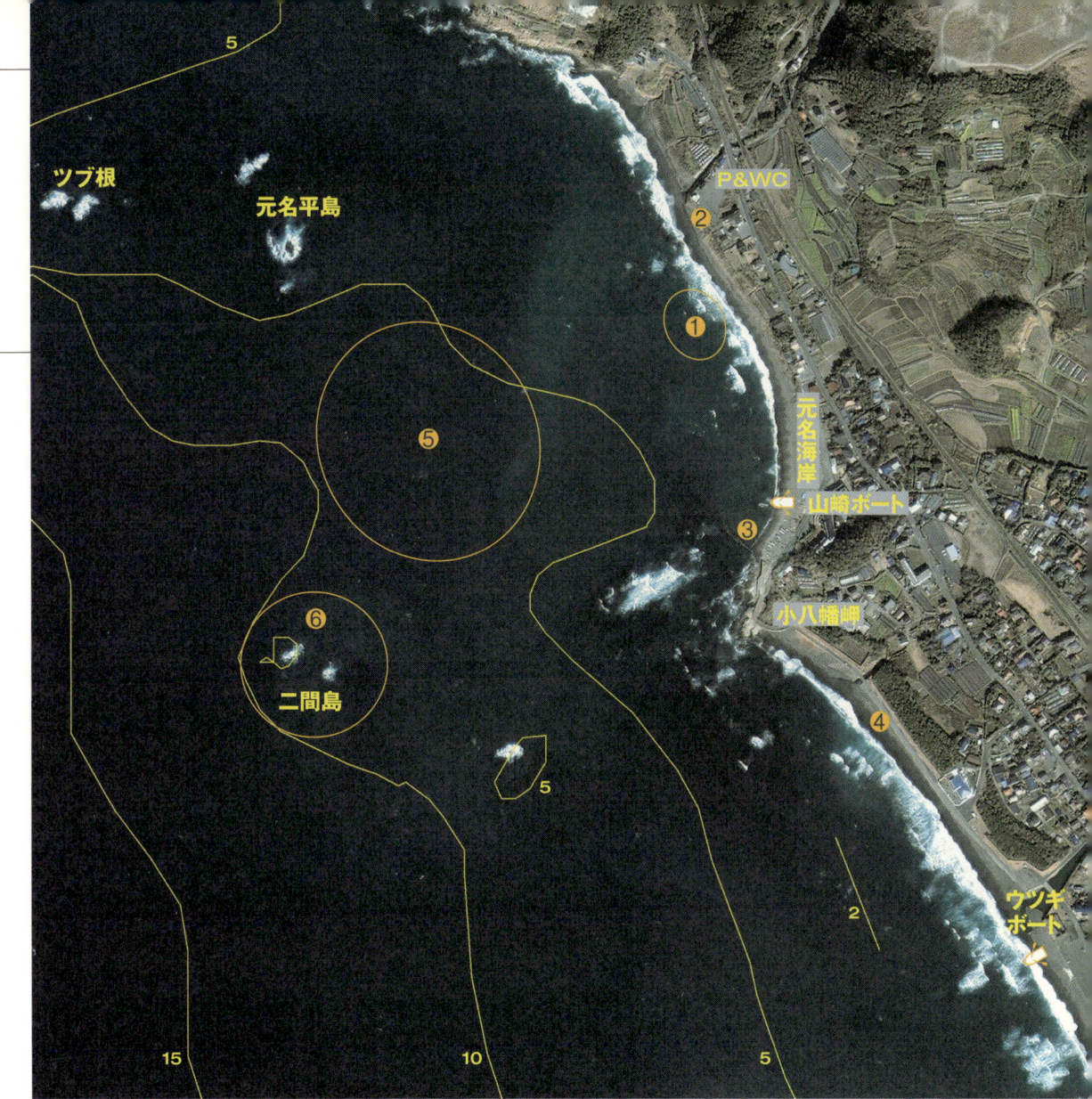

[地図ラベル]
- ツブ根
- 元名平島
- P&WC
- 元名海岸
- 山崎ボート
- 小八幡岬
- 二間島
- ウツギボート

2003/2/19

みに、水深は5m。超浅場での大型回遊魚とのファイトは忘れられない。目下、2匹目のドジョウを探索中。

北見釣具店　TEL:0470-55-0374
営業時間／土日4:00～20:00、平日5:00～19:30（年中無休）
※釣り場から徒歩5分

コメント
景色がよく、こぢんまりした静かな釣り場。駐車やトイレの便利がよく、海水浴シーズン以外さほど混まない。さらに周辺に遊び場もあって家族で楽しめる。カップルなら「元名ビーチホテル」のランチがお勧め

山崎ボート店　TEL:0470-55-0860
営業時間／日の出～13:30（定休日特になし）
※元名海岸の貸しボート。ボートは手漕ぎのみ。ボートレンタル料　2人乗り3,500円/1日、3人乗り4,000円/1日。要予約

ウツギボート　TEL:0470-55-0455
営業時間／6:30～15:00（受付6:00～、シーズン中無休）※保田第一海岸の貸しボート。船外機付きボートあり。ボートレンタル料　船外機付き4人乗り10,000円/1日、2人乗り手漕ぎ3,000円/1日。要予約

内房／元名周辺

エリア⑤ 伊豆半島

沼津で釣るなら木負がイチオシ。スカンジナビア号がある湾だ

木負 きしょう

- ファミリー度 …… ④
- 大漁度 ………… ⑤
- 耐風波度 ……… ⑤

岩崎釣具店ボート乗り場の浮桟橋。イケスの中にはエサの生きアジが泳ぐ

木負堤防付け根の護岸。駐車場だからマイカー横付けOK

DATA

アクセス
◇車／東名高速沼津IC～R414～口野橋交差点右折して県道17（沼津土肥線）、木負堤防手前
◇電車・バス／JR沼津駅から大瀬崎または江梨行きバス「赤崎」下車

駐車場&トイレ
岩崎釣具店専用P（500円/1日）およびトイレあり

飲食店・氷
車で少し走ればコンビニや食事ができるところがあるが、徒歩圏内にはほとんど何もないので、必要なものは事前に準備しておいた方がよい。「スカンジナビア」ではランチバイキング等あり。氷は岩崎釣具店で手に入る

周辺情報
「伊豆三津シーパラダイス」（高校生以上1,900円、4歳～中学生950円）、「あわしまマリンパーク」（入園&ロープウェイ往復中学生以上1,800円、4歳～小学生900円）、フローティングレストラン「スカンジナビア」、伊豆長岡ロープウェイ（往復大人1,220円、子供610円）で行く「展望台かつらぎ山パノラマパーク」、三河湾巡り遊覧船（約30分、大人700円、子供350円）等

近隣には淡島マリンパークや伊豆三津シーパラダイスなどの見所、遊び所も多く、家族旅行のついでにチョコッとサオを出すのもいい。

中心的な釣り場は木負堤防❶。潮通しのよい好ポイントだが、人気がありすぎて盛期は込み合うのが難点か。水深は2～7mで、ウキ釣りの本命はダンゴのクロダイ。それと、キビナゴなどの切り身エサで釣るカマスも地元の人たちに人気がある。あとはサヨリ、アジ、メジナなど。

投げ釣りは、シロギス&メゴチはあまり釣れず、トラギス、カワハギ、マダイ。それに、釣ったトラギスをエサにブッコミをするとヒラメが釣れることもある。夏ならテンヤのマダコも狙い目。サビキではアジにイワシ。ネンブツダイはタックスだと思ってくれ。秋にはメッキが交じることもあり、メッキを見たらルアーで攻めてみよう。

そして、忘れてはならないのがアオリイカ。釣り方はエギングかヤエン。春秋のシーズンはもちろん、冬でもコロッケサイズなら姿を見せてくれる。

それから木負農協護岸❷も、堤防ほどの人気はないが、敷地内に駐車場がありノンビリ釣るには最高。釣り物と釣り方は堤防と変わらない。

そして、木負はボート釣り場としてもピカイチだ。イケス周りのマダイ釣り場としての実績は最強。釣り方は、沖釣りのコマセダイ方式でもいいが、狭い釣り場で大物を確実にゲットするならば、やはりマキコボシにはかなわない。最近は瓦の代わりになる素材を売っているので、それを利用すると手軽で環境にもやさしい。釣り場は、湾の中央付近❸にボート釣り用のブイが設置してあるので、そこに係留する。

また、アオリイカも人気のターゲット。釣り方は泳がせかヤエン。沼津周辺のボートは平底で安定しているので、ヤエンも可能なのだ。しかもイケス付きだからエサのアジもいきいき。ただ平底は直進性能が低いため、漕ぎにくいかも。あと❹周辺でのシロギスは、狙う人が少なく、穴場です。

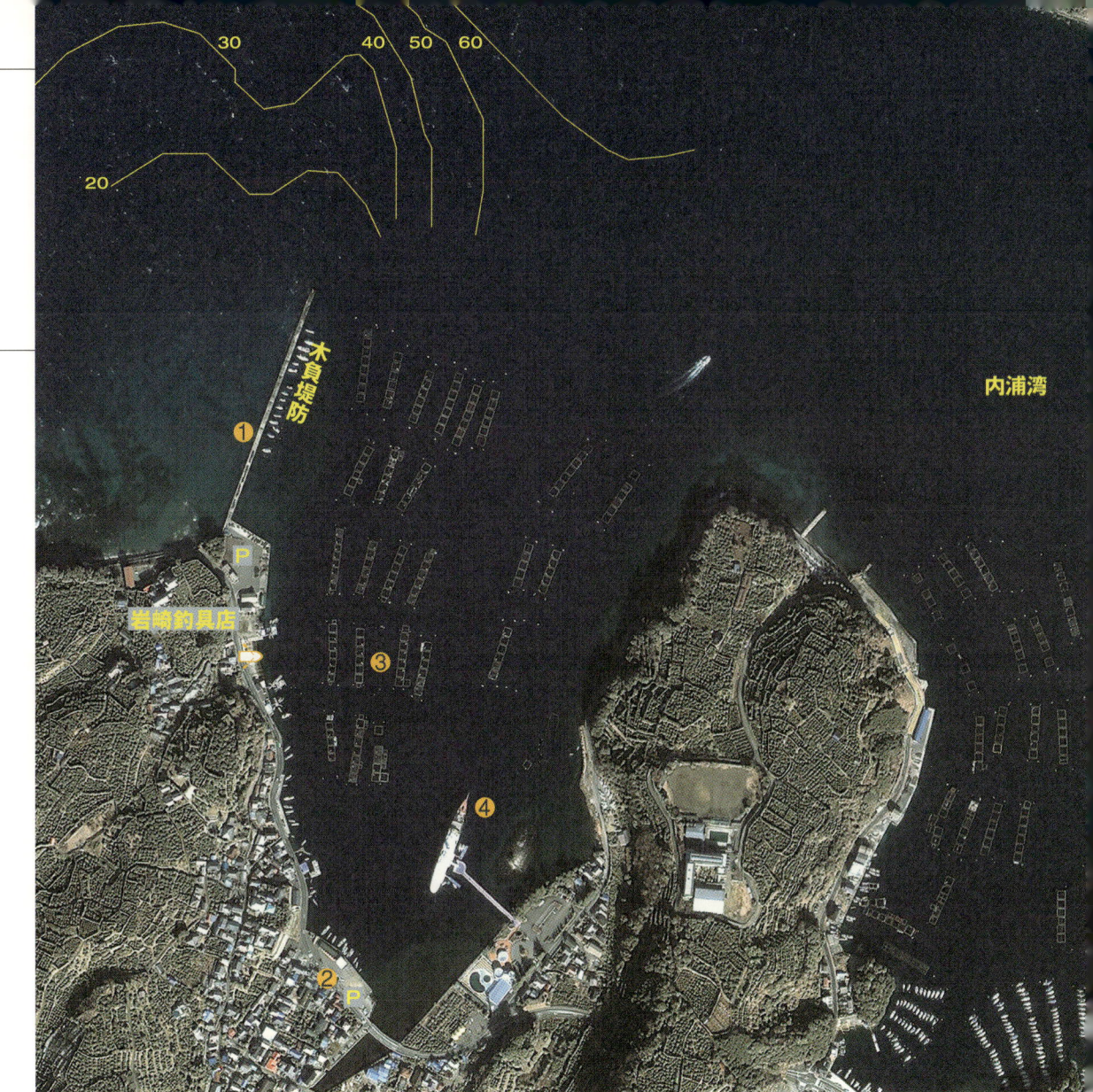

木負堤防。夏でも平日ならノンビリのほほん

岩崎釣具店 TEL：0559-42-2281

営業時間／土日祝日5：00〜日没、平日6：00〜日没（定休日特になし）
※生きアジあり(100円/1尾)。
ボートレンタル料　1人乗り3,500円/1日

本日の釣果はタコとアナゴ！

コメント 水も澄んで景色も抜群にきれい。さらに堤防や桟橋に立つと、すぐ足元にさまざまな魚の群れが行き来する姿まで見える。周りに遊ぶ場所も多いが、釣り人にとっては、この豊かな海が一番の遊び場だろう。

伊豆半島｜木負

エリア5 伊豆半島

バツグンのロケーション。
ノンビリ釣り糸を垂れれば高級魚がぞろぞろ
戸田湾 へだわん

■ファミリー度……4
■大漁度…………5
■耐風波度………4

天気が良ければこの先に富士山が見える

ボート乗り場は、夏には海水浴場にもなる穏やかな砂浜

DATA

アクセス
◇車／東名高速沼津IC〜R136またはR414〜修善寺経由、戸田へ、または清水港からカーフェリー〜土肥港〜県道18号〜戸田（土肥港から約30分）
◇電車・バス／伊豆箱根鉄道修善寺駅から戸田行きバス終点「戸田」下車、徒歩35分、または「戸田」から土肥温泉行きバスに乗り換えて「御浜口」下車、徒歩10分、またはJR沼津駅南口より沼津港行きバス〜沼津港から高速船ホワイトマリン（大人1,500円、子供750円）〜戸田港、徒歩35分（夏季は戸田港から御浜まで渡船あり、9：00〜16：00頃）

駐車場&トイレ
御浜海岸に駐車場（夏場有料1,000円/1日）。トイレは駐車場にあるほか、御浜岬公園内にもあり

飲食店・氷
戸田港には漁協の「くみあいマーケット（スーパー）」あり。氷はマーケットや漁協の直販所で手に入る

周辺情報
海水浴シーズンには子供に人気の恐竜やヒョウタン島にアトラクションが浮かぶ。磯遊びも楽しい。「造船郷土資料博物館」（9：00〜16：00、大人300円、子供100円）もある

「深海生物博物館」も併設する「造船郷土資料博物館」、「御浜灯台」、「御浜岬公園の遊歩道」等あり

　三方を高い山に囲まれて湾内はとても穏やか。ほかの釣り場は悪天候でも、戸田なら大丈夫。ボート釣りファンにもとてもありがたい釣り場です。そのうえ近年は深海魚料理も大人気で、温泉もバッチリ。日帰りもできないことはないけど、シチュエーション的には一泊してゆっくり釣りたい釣り場だ。

　ボート釣りのターゲットは季節によりマダイ、アオリイカ、カンパチ、イナダ、ワラサ、アマダイ、シロギス、カワハギ、カサゴ、アジなどなど。どれにするか迷う立派な釣り物ばかりだ。

　ちなみに11月から3月までの冬季は貸しボートの営業をしていないが、代わりに係留船を出している。ポイントは同じで、漕ぐ必要がないからそっちのほうがいいかも。大型船は揺れも少ないし、船酔いする人も安心です。

　陸っぱりでは御浜岬の先端近くにある堤防❶が一番人気。秋からの回遊魚狙いはカゴ釣りで。アジ、メバルなどの小物からイナダ、マダイまで対象魚は豊富。また春秋のアオリイカのエギングもオススメ。投げ釣りは、シロギスの外道にカワハギも。

　ほかには、3.5gのジグヘッドとソフトルアーのセットか5cmのミノープラグでのメバル。ルアーのメバルは❶の堤防以外でも至るところが好ポイント。むしろ、場荒れの少ないほかの場所のほうがいいかも。立ち入り禁止ではない護岸際などを探ってみよう。

　さらに❶では、11〜2月のヤリイカもおもしろい。ウキ仕掛けにエサ巻きエギを付けて湾口に払い出す潮に乗せる。ヤリイカは岬の外側のゴロタ場❷でも釣れる。た

地図上の注記:
- 120 110 100 80 70 60 50
- 御浜灯台
- 御浜岬
- ❶ ❷ ❸
- P&WC
- 千代ボート
- 御浜海水浴場
- ボート釣り場
- 戸田湾
- 戸田大川 ❹
- 戸田漁港 ❹
- 2001 / 9 / 24

だし、こちらは岸寄りが浅いので、50mほど遠投する。また外側のゴロタ場ではタマヅメのメジナも期待大だ。

あとは内側堤防の❸。カゴ釣り、投げ釣り、サビキ釣りが可能。投げ釣りは真沖狙いよりも、岸と平行に投げると数が伸びる。ただし、型はあまり期待できない。

最後は港に注ぐ3本の河口❹でのシーバスルアー。メインは戸田大川河口だが、ハネを見つけたら他の場所でも速攻でアタック。

遠くに見えているのが御浜岬の堤防

千代ボート　TEL:0559-79-9525

営業時間／6:00～16:00
（定休日特になし）
※御浜海水浴場の貸しボート。ボートは手漕ぎのみ。ボートレンタル料　2人乗り手漕ぎ4,000円/1日

コメント
周年穏やかな湾内は、ボート釣りにバッチリ。風光明媚なうえ、ビギナーでも高い釣果が期待できるので、カップルにもお勧め。釣りの後は「御浜岬公園」の遊歩道、ちょっと変化球なら「深海生物博物館」もいいかも。

伊豆半島｜戸田湾

エリア⑤ 伊豆半島

複雑な地形に圧倒的な緑。
豊饒の海は釣り人の期待を裏切ることはない

安良里港 あらりこう

■ ファミリー度 …… 4
■ 大漁度 ………… 5
■ 耐風波度 ……… 5

駐車スペースとトイレ（夜間閉鎖）のある護岸。夜間照明もあり、夜釣りに最適

水もきれいで風光明媚な静かな釣り場。設備が整っているので、ファミリーでも

DATA

アクセス
◇車／東名高速厚木IC～中伊豆有料道路～R136安良里へ
◇電車・バス／伊豆箱根鉄道修善寺駅から堂ヶ島行きバス「安良里」下車

駐車場＆トイレ
貸しボート利用の場合は駐車場とトイレあり。堤防釣り場にも駐車スペースおよびトイレあり

港奥の護岸にあるトイレは、小さいけれどきれい。駐車スペースもあって便利な釣り場

飲食店・氷
近くにコンビニやレストランはない。自販機で飲み物が買える程度なので、必要なものは事前に準備の必要あり。氷は藤井釣具店で手に入る

周辺情報
周辺は美しい海岸線が続く。2kmほど北上すると、宇久須港手前には夕日を浴びて黄金色に輝くという黄金崎がある。黄金崎にある「クリスタルパーク」（入場料高校生以上800円、小・中学生400円、9：00～17：00）では、現代ガラス工芸品専門の美術館やレストランがあるほか、ガラス制作体験もできる。また周辺に立ち寄り湯も多数あり

港内には駐車スペースのある釣り場が何カ所かあるが、係留している船が少なく比較的ノンビリと釣れるのは、対岸にある護岸❶だ。足元から水深があり、カゴ釣り、ウキ釣り、イカ釣り、サビキ釣りができる。なかでも夕マヅメからの泳がせか、ヤエン釣りがおもしろい。狙いは当然アオリイカ。季節によってはヤリイカが多く交じることもある。そして、日中はエギングとの両狙いも可能だ。サビキではアジ、サバ、イワシ、カマスなど。あと、カイズの姿も多く見られるのでウキ釣りで。

それから、釣り場までのアクセスは大変だけど、港の天然の防波堤になっている網屋崎の先端❷からの投げ釣りでシロギス。また手前の浦守神社の前❸は、水深があり越冬ギスも狙える。ただし目の前には多数のヨットが係留してあるので、障害物のないところで。さらにウキ釣りではクロダイも。

のほほんと護岸で釣りをするのもいいけれど、釣果を優先するならやはりボート釣りだ。対象魚はシロギス、クロダイ、カワハギにイナダなどの回遊魚とカサゴ＆メバル。それにアオリイカだ。

衛星写真に見るとおりシケに強い釣り場で、港内なら多少の風波があっても安全に釣りができる。もっとも貸しボート店がノー！といったらダメだけどね。

シロギスは湾口近くの❹で、航路をはずして釣ること。カサゴ＆メバルは❺で探り釣り。また、アジやイナダなどの回遊魚とカワハギは❻で。ここは根周りの本

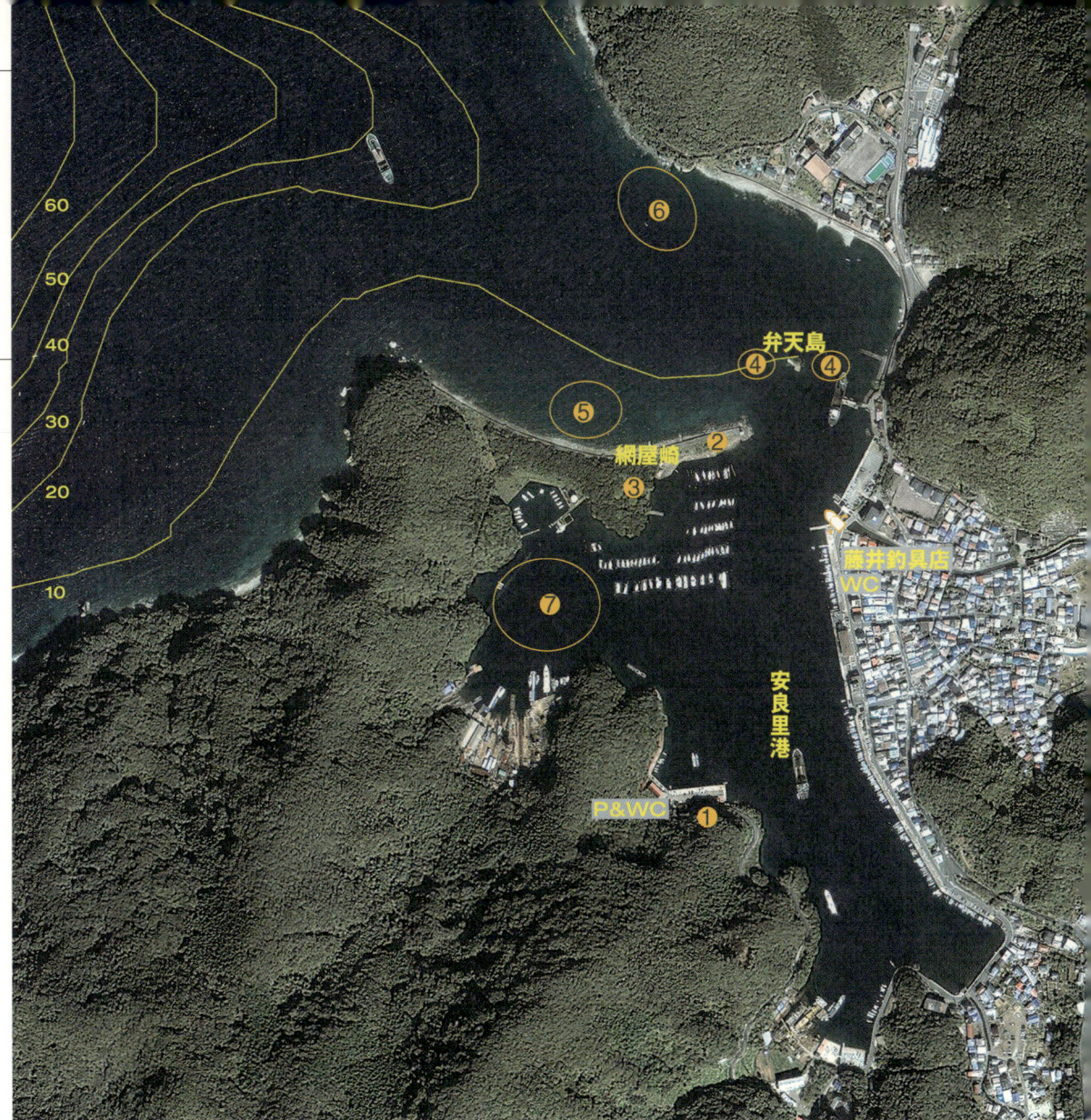

命ポイント。ボート乗り場からも近くてビギナーも楽勝。❼はシケ気味の日にシロギスを狙うか、フカセ釣りでクロダイを。

　安良里は、「新しく作った里」という意味らしい。国道から近いのに釣り人は少ないほうだ。それでも隣の宇久須にはコンビニやファミレスができて、ドンドン便利になってゆく。

藤井釣具店　TEL：0558-56-0102

営業時間／日の出～日が暮れる前（定休日特になし）
※安良里港のスロープから出船する貸ボート。船外機付きあり。エサ、仕掛け、釣具等販売。3人乗り船外船7,000円/1日、2人乗り手漕ぎ3,000円/1日

ボート数が少ないので予約したほうが無難だ

コメント　トイレと駐車スペースがあるうえに高釣果も期待できる護岸は、あまり混雑することもなく、穴場的で静かな釣り場。景色も水もきれいな最高のロケーションで、ゆっくり快適な釣りが楽しめる。

伊豆半島｜安良里港

エリア5 伊豆半島

田子 (たご)

西伊豆で一番深い湾内はボート釣りパラダイス。
一年中なにかしらの魚が釣れる

- ファミリー度……4
- 大漁度…………5
- 耐風波度………5

田子港側のボート釣り場。イケス周りの釣り場で、ボート乗り場のすぐそば

田子港側のボート乗り場。スロープなので足元に注意

DATA

アクセス
◇車／東名高速沼津IC～中伊豆有料道路～R136土肥経由松崎方面、田子へ
◇電車・バス／伊豆箱根鉄道修善寺駅から堂ヶ島行きバス「大田子」下車、徒歩3分（→斉藤ボート）または「田子」下車、徒歩20分（→せのはま）

駐車場&トイレ
斉藤ボート　駐車場は特になし。トイレは田子港内にあり　せのはま　貸しボート利用者には無料駐車場&トイレ完備、ただしゴミは必ず持ち帰ること

飲食店・氷
近くにコンビニや食事ができそうな店はない。自販機で飲み物程度は買えるが、弁当やおやつ等は事前に準備しておいたほうがよい。氷は斉藤ボート店、または田子港内の漁協ストアで手に入る

周辺情報
近くに町営の立ち寄り湯「浮島温泉しおさいの湯」(9:00～19:00、500円)や、海沿いのハイキングコース「燈明ヶ崎遊歩道」などがある。また堂ヶ島周辺まで南下すると、天然記念物の「天窓洞(てんそうどう)」や崖の上の露天風呂(7:00～19:00、500円)がある「沢田公園」、観光船の「堂ヶ島マリン」(堂ヶ島洞窟巡り：大人920円、子供460円)等見所多数あり

　田子湾内には2つの港がある。北寄りにある小さな大田子港と南側の大きな田子港だ。どちらも、陸っぱりの好ポイントで、とくに田子港は白灯堤防❶を中心に多くの釣り人でにぎわっている。ただし、ちゃんとした駐車場がなく、港内は釣り禁止にもなっているのでオススメはできない。

　一方、大田子港では隣接する大田子の磯❷から、投げ釣りのシロギスやブッコミ釣りのマゴチに根魚&メッキ相手のルアーで、いい釣りができる。しかし、ここでも駐車場がネックになる。周辺の道は狭いので違法駐車は大迷惑。沼津港から高速船を利用するなどの対策を取れば問題ないけど。

　となると、なんの心配もなく釣るにはやっぱボート釣りだ。駐車スペースも店が確保してくれるしさ。田子湾には大田子港と田子港の先に2軒の貸しボート店がある。大田子は釣具店の兼業で、砂地と岩礁のカケアガリがポイント。田子のほうは、民宿の兼営でイケス周りがメインの釣り場になっている。どちらの釣り場も、それぞれ個性的で爆釣予感たっぷり。そのうえ景色は最高で静かだし、ここでボート釣りをすればビギナーはどっぷりハマると思うよ。

　さて、大田子の釣り場はボート乗り場の沖にあるメガネ岩近くの❸でシロギス&マゴチ。それに、❹ではアジやカワハギなどの根魚。そして、本命の❺は水深15～25mのカケアガリを攻めて、マダイやカンパチなどの回遊魚とアオリイカ。風と潮の流れを読んでアンカリングし、キッチリ目的のポイントで釣るのが必釣のコツ。ここでキープした正真正銘の天然マダイはとってもキレイでした。

　その点、田子の釣り場はイケス周りだからポイントミスの可能性は低い。でも、沖側の水深は20m以上あるのでタナ取りはしっかりと。底近くはジャミアタリばかりだ。秋口ならタナを海面から10mにしてソウダガツオと遊ぶのも悪くない。ヒラソウダなら食べてもそこそこ美味し

いしね。ほかの釣り物は大田子と変わらないが、回遊魚とアオリイカの魚影は濃いぞ。

民宿せのはま　TEL：0558-53-1690

営業時間／日の出〜日没
（定休日特になし、海水浴シーズンは休み）
※田子瀬の浜海水浴場裏の漁港のスロープから出船する貸しボート。本業は民宿のため、エサ等の販売はなし。ボートは手漕ぎのみ。ボートレンタル料　3,000円/1日

コメント　海は穏やか、魚は豊富、景色も水もきれいな絶好のボート釣り天国。ちょっと足を延ばせば観光スポットも多く、家族やカップルで行くなら日帰りよりも、ゆっくり温泉につかっての一泊行程がお勧め。

斉藤ボート店　TEL：0558-53-0557

営業時間／6:00〜16:30
（定休日特になし）
※大田子漁港から出船する貸しボート。エサ、仕掛け等販売。船外機付きボートあり。
ボートレンタル料　3人乗り船外機船15,000円/1日、2人乗り手漕ぎ4,000円/1日

大田子のボート釣り場。砂地と岩礁のカケアガリがポイント

大田子のボート乗り場。穏やかな砂浜で、まず濡れることはない

伊豆半島｜田子

エリア⑤ 伊豆半島

いるか浜公園ができてからは
ファミリー向けのお手軽釣り場に大変身

川奈湾 かわなわん

■ファミリー度……⑤
■大漁度…………④
■耐風波度………④

人気の川奈いるか浜の堤防は夏からカゴ釣り師のサオが並ぶ

夏は海水浴客も多い堤防周辺。くれぐれもタックルや仕掛けの扱いには気を付けましょう

DATA

アクセス
◇車／東名高速厚木IC〜小田原厚木道路〜真鶴道路〜熱海ビーチラインR135伊東市街を抜けて川奈港口で川奈方面へ3分
◇電車・バス／JR伊東駅から川奈港行き東海バス「いるか浜」下車すぐ、または伊豆急行川奈駅から徒歩20分

駐車場&トイレ
いるか浜に有料P(1,000円/1日、海水浴シーズン以外無料)あり。浜には公共トイレのほか、海水浴シーズン中は公共のシャワーもあり

いるか浜の駐車場は海水浴シーズン以外は無料。トイレも完備でうれしい

飲食店・氷
近くの商店街や食堂、コンビニ等あり。氷は商店街やコンビニ等で手に入る

周辺情報
伊東、熱川の観光地に囲まれながら、静かな雰囲気の残るエリア。海水浴場や日帰り温泉、ダイビングスポット等。また熱川の「熱川バナナ・ワニ園」(8:00〜16:30、年中無休、高校生以上1,000円、4歳〜中学生500円)も

　夏には海水浴場になる、いるか浜公園❶は、駐車場とトイレがあり、海水浴客はシャワーも使えるファミリーにうってつけの釣り場だ。しかも、周辺には釣具店や食堂もあり手軽。さらに駐車場が有料なのは夏の7〜8月だけときてるから、釣り人にはうれしい。

　公園内の堤防は湾曲していて、どこからでも同じようにサオが出せる。しかし周囲は浅くて、本格的に釣る人には物足りないかも。それでもサビキ仕掛けには、小メジナやウミタナゴに、運が良ければカワハギやアジなどもヒットする。それに海底は砂地だから投げ釣りには適している。メインはシロギスで、カワハギなどが交じる。あとはカゴ釣りでソウダガツオやアジなどが、夏から晩秋まで回遊して釣り場をヒートアップさせる。

　さて川奈のボート釣りは、❷の根が点在するゴロタ場と、❸の岩礁帯が主なポイントになる。まず❷ではシロギス&マゴチにヒラメ、カワハギ、タコなど。どの獲物に対しても流し釣りが有利だから、ぜひ流し釣りを。釣り場の広さ的には流し釣りに何の問題もないが、ボートが沖に流れる場合は、海底が一気に深くなっているので釣りにくい。対処法は短い距離をジグザグに流すしかない。

　次に❸は、根周りの釣りだからアンカリングでしっかりボートを固定する。アンカーロープは短いほうがボートの振れ幅は小さく、コマセも散らないので、ピンポイントに根を探れる。でもロープが短いと知らないうちに流されている場合もあるので、周囲には常に気を配っていること。

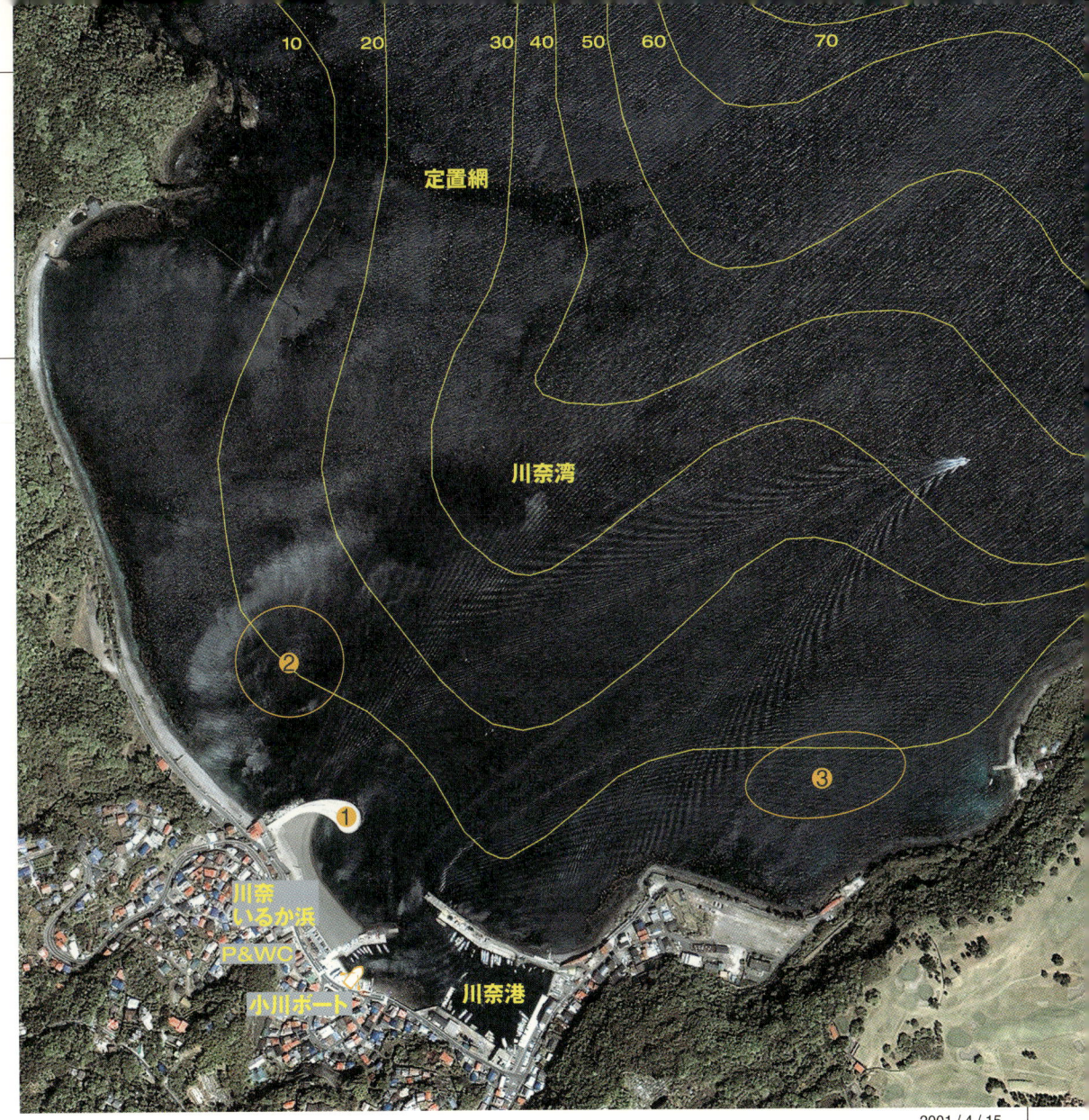

また❸の岩礁帯では、ときおりジャンボメバルが強烈なヒキをみせてくれる。サイズは軽く25cmを超す立派なクロメバル。場荒れが少ない証拠だ。ほかにカワハギなどの根魚と、アジやイナダなどの回遊魚とカイワリも、夏から秋にかけて姿を現す。

最後に、川奈港はアオリイカの禁漁区になっており、ボート釣りでは沖の定置網への接近も禁止されている。

小川ボート

TEL：0557-36-3462

営業時間／6：00～16：30
（定休日特になし）
※川奈いるか浜駐車場横のスロープから出船。ボートは手漕ぎのみ。夏は海の家ふじにて受け付け。ボートレンタル料　2人乗り4,500円/1日

ふたりそろってソウダガツオ

よっし！ヒラソウダだ

コメント　「いるか浜公園」は、広くて足場も良い釣り場。本格的な釣りには向かないが、設備も揃って手軽なファミリー釣りにお勧め。日帰りもよいが、周辺には旅館や民宿も多く、温泉を楽しむ一泊旅行もいいのでは。

伊豆半島　川奈湾

エリア5 伊豆半島

広い釣り場を手漕ぎボートで縦横無尽。
伊東だって温泉だけじゃないぞ

伊東周辺
いとうしゅうへん

■ ファミリー度 …… 4
■ 大漁度 ………… 5
■ 耐風波度 ……… 5

伊東オレンジビーチ。海水浴シーズンはにぎやかだが、普段は静か

出船場所のオレンジビーチ。夏は伊東周辺で最も人出の多い海水浴場のため、ボートは隅っこに追いやられてしまう

DATA

アクセス
◇車／東名高速厚木IC〜小田原厚木道路〜真鶴道路〜熱海ビーチラインR135伊東方面へ
◇電車・バス／JR伊東駅から徒歩5分

駐車場&トイレ
はるひら丸で貸しボートを利用する場合は無料の専用Pあり。トイレは海岸にある

飲食店・氷
近くに食堂やコンビニ等あり。貸しボート店のはるひら丸も食堂を営業している。また道の駅「伊東マリンタウン」にもレストランや売店多数あり。氷は稲七釣具店で手に入る

周辺情報
夏は海水浴。「はるひら丸」の遊覧船〈イルカ号〉はグラスボートになっていて、伊豆の海を海中を見ながら周遊できる（1周約11.4km、大人1,600円、中学生1,200円、小人800円、3歳未満無料）。「伊東マリンタウン」は規模の大きな道の駅で、シーサイドスパ（10:00〜21:00、中学生以上1,500円、小学生750円、幼児400円）や遊覧船（はるひら丸等）、ショッピングからレストラン、マリーナなど多彩な施設があって楽しめる

「はるひら丸」では、釣りのあとは温泉無料サービスの寒い冬は最高

東伊豆を代表する温泉地の伊東。東京からのアクセスは比較的ラクで駅も近くにある、日帰りもラクラク、一泊ならなお楽しいスポットだ。釣り好きが海沿いの温泉へ泊まりに行ったら絶対に釣りをしないわけがない。もちろん、伊東の温泉旅館にも釣りを組み込んだプランなんぞがあるけれど、大体が仕立て船での沖釣りだ。お土産のゲット率は高いだろうが、ふらっと気軽にというわけにはいかない。家族旅行など少人数の場合は、予約で行動を規制されるよりも、そのときのノリで手軽に釣りたい。

ところが、伊東港周辺の堤防や突堤での釣りは禁止されている。したがって、陸っぱりをするなら伊東海岸（オレンジビーチ）からの投げ釣りしかない。広い海岸は投げ釣りをするスペースは十分。でも消波のための離岸堤がジャマで、魚の寄りがイマイチである。できるだけ遠投して消波ブロックの際からサビいてみよう。シロギスを中心にメゴチなどが釣れる。

釣果優先ならばボート釣りを。仕立て船や乗り合い船などよりは時間的に自由が利く。

ポイント❶は、ボート乗り場からチョイと距離はあるけれど、職漁船も攻める本命ポイント。海底には漁礁が設置されていてマダイ、ホウボウ、カイワリ、カマスにイナダ、アジ、イサキなどさまざまな魚が釣れる。

ボート乗り場近くでは、離岸堤の外側が狙い目。離岸堤の外側にある消波ブロックの際❷ではアジがターゲット。大きさは25cm級の中アジから、ジンタと呼ばれる小アジまで、時期と潮により変わる。よって、釣具店やボート店で情報を仕入れてからサビキの大きさを決め

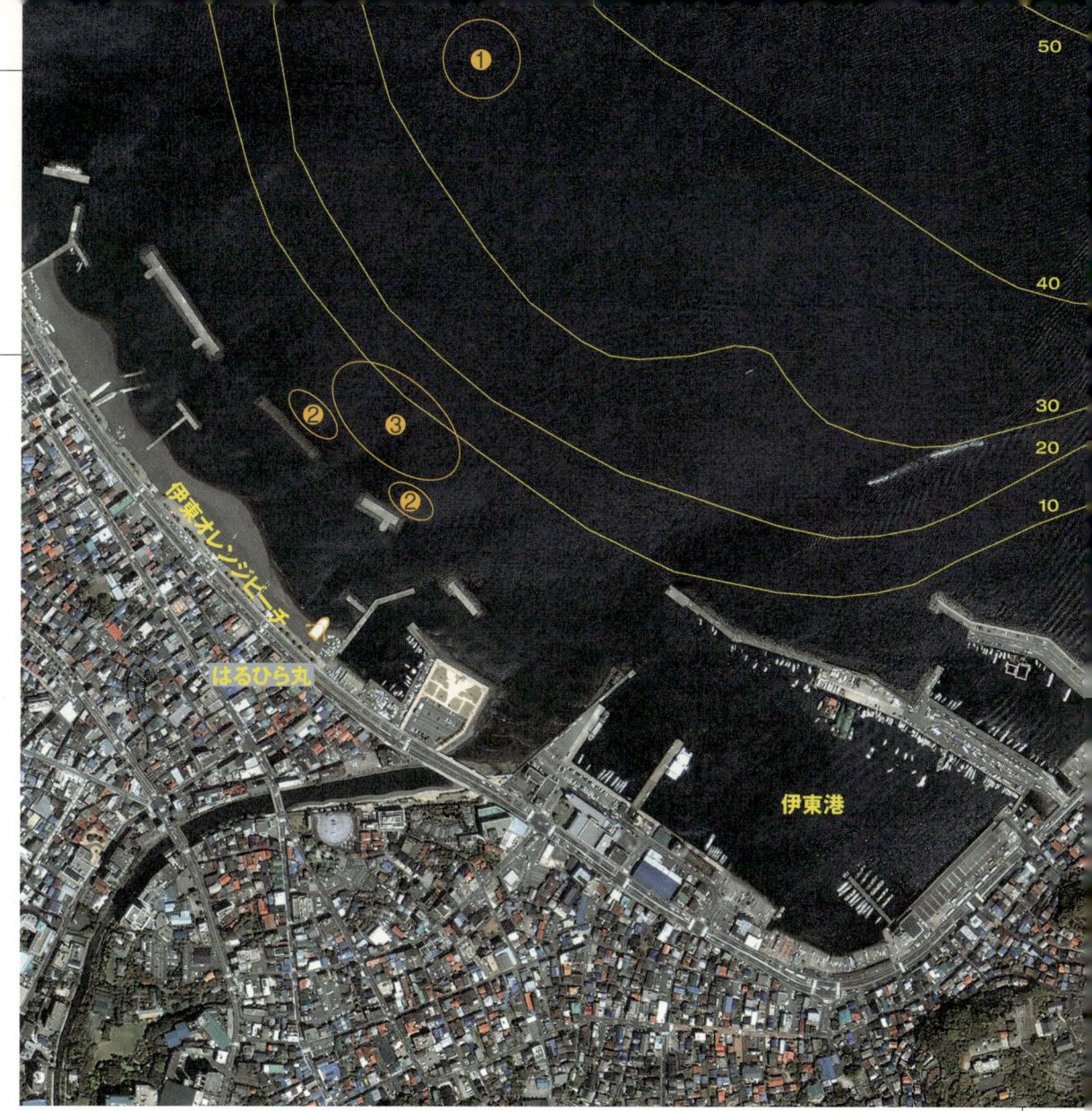

るか、どの大きさにも対処できるように何種類かのサビキを用意しておこう。

　また離岸堤の少し沖❸ではシロギス釣り。広い場所だからガンガン流して広範囲を探る。そして釣ったアジやシロギスをエサにすればマゴチ、ヒラメ、アオリイカも狙える。家族旅行のお土産と思い出は十分に確保できるぞ。

稲七釣具店　TEL：0557-37-0177
営業時間／土日祝日5：00～19：30、平日6：00～19：30（年中無休）
※釣り場から5～7分

はるひら丸　TEL：0557-37-4250
営業時間／6：00～（定休日特になし）
※伊東オレンジビーチにある貸しボート。海岸目の前に温泉民宿を構えている。貸しボートと温泉民宿以外に食堂、名所巡り遊覧船（〈イルカ号〉）、釣船、地引き網や海の家などを営業する。ボートは手漕ぎのみ。ボートレンタル料　4,000円/1日（沖上がりの時間は特に決まっていない。日没までには戻ること）

コメント　にぎやかな観光地だけあって、周辺の遊び場には事欠かない。家族で行くなら釣り＆観光で一泊旅行がお勧め。ただし海水浴シーズンは道路もビーチも大混雑するので、できれば避けた方がいいだろう。

伊豆半島｜伊東周辺

エリア5 伊豆半島

ボートでアマダイを釣るならここ。
広〜い釣り場でノンビリ流し釣り
網代　多賀周辺 あじろ　たがしゅうへん

■ ファミリー度 …… ③
■ 大漁度 ………… ④
■ 耐風波度 ……… ③

何の障害物もなく流し釣りに最適なボート釣りエリア

多賀釣具店のボート乗り場は小さな港内(戸又港)のスロープ

DATA

アクセス
◇車／東名高速厚木IC〜小田原厚木道路〜真鶴道路〜熱海ビーチラインR135網代方面、多賀へ
◇電車・バス／JR伊豆多賀駅から徒歩10分

駐車場＆トイレ
貸しボート利用の場合は専用Pあり。トイレも店にあり

飲食店・氷
徒歩圏内にコンビニ等はないので、必要なものは事前に準備しておいた方がよい。車で少し走れば(熱海方面または伊東方面)、コンビニやレストランあり。氷は多賀釣具店で手に入る

周辺情報
熱海と伊東、どちらにも近くて、ちょっと足を延ばすつもりなら遊び場には事欠かない。熱海方面なら「ハーブ＆ローズガーデン」(大人1,000円、子供500円)、海水浴場や「熱海後楽園」(10:00〜16:30、入園・入浴・休憩 大人2,000円、子供1,200円)、そして各種美術館。伊東ならショッピングセンターやレストランのある道の駅「伊東マリンタウン」や各種美術館、公園など。また「マリンスパ熱海」をはじめ、立ち寄り温泉も多数あり

砂浜が工事中で投げ釣りポイントがだいぶ減ってしまったが、まだ❶付近では大丈夫。若干遠浅気味だから、遠投有利だ。シロギス＆メゴチにホウボウやカワハギも交じる。

また、❷のゴロタ磯ではクロダイのほかメジナが狙い目。曇りの日や潮の濁っている日は日中でも釣ることはできるが、良型をコンスタントに狙うならやはり夜釣りに分がある。ウキ釣りの場合、エサはアオイソメで十分。

ただし、1匹丸ごとのチョン掛けで。エサが動かないと極端にアタリが減るから、エサ同士が絡み合う2匹付けは避けたほうがいい。ルアーなら、ジグヘッド＋ソフトルアーで底付近をリフト＆フォールで探る。

ボート釣りは、広い釣り場を生かした流し釣りがベスト。そのためにはシーアンカーは必需品。シーアンカーがないと、あっという間に風で流されて、漕いでいる時間のほうが釣り時間よりも長くなることもある。この際、シーアンカーを持っていない人は手作りしよう。結構簡単に作れるゾ。

流し釣りといえばシロギス釣りが一般的だけど、ヒラメやマゴチなどの生きエサ釣りや、タコやイカ類にも効果的な釣法である。そして、アンカーの届かない深場を探るアマダイ釣りは流すしかない。網代湾では前記した魚のすべてが対象。それプラス、定置網周り❸でのカワハギもオススメです。

湾内の海底はほとんどが砂地で、戸又港近くは岩礁になっている。シロギスは、湾内の海岸寄りの水深5〜20mがポイント❹。当然夏は浅場で、深場は冬に攻める。

アマダイは水深35〜60mの湾中央部❺を流す。初心者がいきなり水深60mは抵抗感があるだろうから、最初は35m前後をポイントに。アマダイのほかにカイワリ、ホウボウなど外道も高級魚だ。

なお、快適な流し釣りをするにはナギの日の釣行に限る。もしも風が吹いてきたら、定置網周りのカワハギ狙いに転向しよう。

多賀釣具店
戸又港
長浜海岸
網代湾

2001 / 4 / 15

戸又港、熱海寄りのゴロタ場は、良型メバルの好ポイント。ジグヘッドおよびソフトルアーで底をガリガリ攻める

長浜海岸。サーフキャスティングするならこの辺で。新しくできる堤防が吉と出るか凶と出るか

多賀釣具店　TEL：0557-68-4711

営業時間／6：00〜16：30（定休日特になし）
※戸又港にある貸しボート。船外機付きボート取り扱い。店舗も港からすぐの場所にある。エサ、仕掛け等販売。
ボートレンタル料　2人乗り船外機船8,000円/1日、2人乗り手漕ぎ4,000円/1日、要予約

コメント　にぎやかな観光地熱海と伊東との間にあって、静かでのどかなエリア。温泉があり、立ち寄り温泉も多数。釣りはボート釣りがお勧め。家族で手軽に、というよりは、本格的に釣果を狙う人に向いている。

伊豆半島　網代　多賀周辺

著者略歴

須藤恭介（すとう・きょうすけ）

1958年、神奈川県二宮町に生まれる。10歳の頃には地元の海で投げ釣りを始め、20歳を過ぎる頃には磯釣り、沖釣り、手漕ぎボートの釣りへとのめり込む。以来、海専門に釣り歩き、現在も"三度のメシより酒と釣り"。釣り雑誌や新聞の釣り欄などを中心に、執筆活動を行っている。著書も多数。ただいまボート＆ボート釣り雑誌「Boat CLUB」（舵社）にミニボート釣り「カートップ四十八手」を好評連載中！

東京湾・相模湾・駿河湾
釣り場ガイド50選
陸っぱり＆貸しボート編

2005年2月20日　第1版第1刷発行
著者　　須藤恭介
発行者　大田川茂樹
発行　　株式会社　舵社
〒105-0013　東京都港区浜松町1-2-17　ストークベル浜松町
電話：03-3434-5181（代）
FAX：03-3434-2640

定価はカバーに表示してあります
無断複写・複製を禁じます
印刷　大日本印刷（株）

Ⓒ 2005 Published by KAZI Co.Ltd
Printed in Japan
ISBN4-8072-5113-9